Männer kochen
Frauen genießen

Andreas C. Studer

Rezepte mit
Verwöhngarantie

KOSMOS

Impressum

Mit 49 Fotos von Martin Esche.

Umschlaggestaltung von eStudio Calamar unter Verwendung eines Fotos von Martin Esche.

Mit 49 Fotos.

Unser gesamtes lieferbares Programm und viele weitere Informationen zu unseren Büchern, Spielen, Experimentierkästen, DVDs, Autoren und Aktivitäten finden Sie unter **www.kosmos.de**

Gedruckt auf chlorfrei gebleichtem Papier

7., aktualisierte Ausgabe 2008

ISBN 978-3-440-11667-8
Die Fotos entstanden bei Bulthaup
Redaktion: Isabelle Fuchs
Gestaltung: Hakarl Bee, New York
Produktion: Eva Schmidt
Printed in Italy / Imprimé en Italie

Mein besonderer Dank gilt:
Hakarl Bee, Clemens Glade, Martin Esche, Isabelle Fuchs, Britta von Lojewski und den Models: Oxana, Suzan, Stine, Micha, Malte, Sören und Oliver
Andreas C. Studer

Andreas C. Studer wurde die Liebe zum Kochen in die Wiege gelegt: Seine Mutter war Köchin. Nach der Ausbildung zum Koch im Berner Oberland arbeitete er in verschiedenen Schweizer Tophotels. Mit dem Diplom der Hotelfachschule Thun in der Tasche sorgte er für frischen Wind in den 14 Restaurants des Züricher Hauptbahnhofs.
Im mexikanischen Cancun lernte er mit Chilischoten umzugehen und in San Francisco und Miami die US-Küche kennen.
8 Jahre kochte „Studi", wie ihn seine Fans liebevoll nennen, beim Kochduell auf VOX. Es folgten Sendungen beim ZDF, bei RTL und bei BBC Radio. 1 Jahr Frühstücksfernsehen für Sat.1, Auftritte in J.B. Kerners Kochsendung im ZDF. In seiner Schweizer Heimat ist er in der Primetime-Koch- und Quizshow „al dente" zu sehen. Bei Kosmos ist sein Kochbuch „Happy Cooking – zu Hause schmeckt's am besten" (2006) im Programm. „Studi" lebt in Berlin und Zürich.

www.studionline.de

Sofern nicht anders angegeben, sind alle Rezepte für 4 Personen berechnet.

Inhalt

Intro

»Rezepte zum Verwöhnen« steht im Untertitel meines Buches. Ich bin mir sicher, daß auch Sie gerne verwöhnt werden und auch mit Begeisterung jemanden verwöhnen. Meine Rezeptesammlung bietet sich dafür geradezu an. Raffiniert und ursprünglich, aber immer so, daß Sie dafür keine Sternekoch-Kenntnisse benötigen. Das Ganze mit viel Frische – und die Liebe, mit der Sie kochen, schmeckt man zum Schluß auf dem Teller – garantiert. Lassen Sie sich von den Gerichten und den Fotos mit den jungen Leuten in diesem Buch inspirieren, für Ihre Liebste oder Ihren Liebsten mal wieder ein kuscheliges Candlelight Dinner auf den Tisch zu zaubern!

Ich wünsche Ihnen dabei viel Spaß!

Herzlichst

Andreas C. Studer

06

Vorspeisen

sollen Appetit machen, auf das was noch kommt. Die frischen Ideen auf den folgenden Seiten sind einfach zuzubereiten und machen garantiert Lust auf mehr.

Vorspeisen & Suppen

Blumenkohl-Carpaccio mit geröstetem Sesam

Den Blumenkohl in Röschen teilen und in leicht gesalzenem Wasser etwa 8 bis 10 Minuten kochen, der Blumenkohl sollte noch Biß haben, anschließend in Eiswasser abkühlen. Die Sesamsamen in einer Bratpfanne ohne Fett bei mittlerer Hitze rösten. Den Knoblauch schälen, dann zusammen mit Oliven, 1 Prise Salz, Olivenöl und Essig im Mixer fein pürieren. Die Blumenkohlröschen abtropfen lassen, mit einem scharfen Messer in hauchdünne Scheiben schneiden, auf einem Teller nebeneinander schichten und mit dem Pesto beträufeln. Frisch gemahlenen Pfeffer, die gerösteten Sesamsamen und das in feine Streifen geschnittene Basilikum darüber streuen.
Ein herrlicher Auftakt für ein leichtes Candlelight Dinner!

1 Blumenkohl
→ Salz
50 g Sesamsamen
2 Knoblauchzehen
4 grüne Oliven ohne Stein
6 EL Olivenöl
2 EL Balsamicoessig
→ Pfeffer aus der Mühle
6 Basilikumblätter,
→ in Streifen

Fritierte Pilzvariation mit Gemüsedip

200 g Champignons
200 g Austernpilze
→ Salz
→ Pfeffer aus der Mühle
→ Saft von 1/2 Zitrone
→ Tabasco
3 EL Mehl
1 Ei
1 EL Sonnenblumenöl
1 Möhre
1 Knoblauchzehe
2 Frühlingszwiebeln
200 g Vollmilchjoghurt
→ feingehackte Petersilie
→ Öl zum Fritieren

Die Pilze putzen, halbieren und mit Salz, Pfeffer, Zitronensaft und wenig Tabasco kurz marinieren. Inzwischen den Backteig herstellen: Mehl, 1 Prise Salz, Ei und Öl vermischen und etwa 5 Minuten ruhen lassen. Möhre und Knoblauchzehe schälen, Frühlingszwiebeln putzen und waschen. Möhre fein raspeln, den Knoblauch zerdrücken, die Frühlingszwiebeln in feine kurze Streifen schneiden. Alles mit dem Joghurt vermischen, mit Salz und Pfeffer würzen und am Schluß feingehackte Petersilie dazugeben. Ausreichend Öl in einer Pfanne auf 170 °C erhitzen. Die Pilze durch den Teig ziehen und im Öl 3 bis 4 Minuten fritieren. Auf Küchenkrepp abtropfen lassen und zusammen mit dem Dip lauwarm als Fingerfood servieren.

08

Haselnuß-Melonen-Cocktail

Die Melone halbieren, entkernen und mit einem Pariserlöffel vom Fruchtfleisch Bällchen abstechen, diese mit Limonensaft marinieren. Die Minzblätter sehr fein hacken, mit den geraspelten Haselnüssen vermischen und auf einen flachen Teller geben. Die Melonenbällchen darin wenden, so daß sie ganz mit der Mischung bedeckt sind. Servieren Sie diesen Cocktail in einem hohen Glas mit einem kleinen Zweig Minze.

Probieren Sie als Variation einmal geraspelte Walnüsse oder eine Mischung aus beidem. Erfrischend knackig ist es auf jeden Fall!

- **1 reife Honigmelone**
- **→ Saft von 1 Limone**
- **1 Zweig frische Pfefferminze**
- **100 g geraspelte Haselnüsse**
- **→ Pfefferminze zum Garnieren**

Fruchtiger Krabbencocktail

- **300 g geschälte, gekochte Krabben**
- **→ Saft von 1 Limone**
- **2 EL Brandy**
- **4 EL Mayonnaise**
- **2 EL Tomatenketchup**
- **2 EL Weißweinessig**
- **→ Salz**
- **→ Pfeffer aus der Mühle**
- **2 Orangen**
- **2 Nektarinen**
- **1/2 Kopf Eisbergsalat**
- **→ Dill zum Garnieren**

Die Krabben abspülen und mit Küchenkrepp trockentupfen. In eine Schüssel geben und mit dem Limonensaft sowie 1 Eßlöffel Brandy marinieren. Etwa 10 Minuten durchziehen lassen. Inzwischen die Mayonnaise mit dem Ketchup, Essig und restlichem Brandy zu einer Cocktailsauce vermengen. Mit Salz und Pfeffer abschmecken. Die Orangen schälen und filetieren, indem Sie die einzelnen Segmente mit einem scharfen Messer heraustrennen. Die Hälfte der Orangenfilets zu den Krabben geben, die Cocktailsauce zufügen und das Ganze vermengen. Die Nektarinen (oder Pfirsiche, je nach Wunsch) waschen, halbieren, entsteinen, in kleine Würfel schneiden und ebenfalls dazugeben. Den Eisbergsalat putzen, waschen, trockenschleudern und in sehr feine Streifen schneiden. Als Bett auf 4 Tellern anrichten. Jeweils Krabbencocktail darauf geben, mit den restlichen Orangenfilets und Dillzweigen garnieren.

Am besten getoastetes Vollkornbrot und gesalzene Butter dazu reichen.

10

Kräuter *Oft sind es einige frische Kräuter, die einem Gericht eine besondere Note verleihen. Petersilie zum Beispiel kann man für viel mehr als nur zum Garnieren verwenden: Persönlich ziehe ich die flachblättrige, »italienische« Petersilie der feinkrausen vor, sie ist intensiver und hat einen leicht pfeffrigen, frischeren Ton. Verwenden können Sie Kräuter fast immer – sei es nur etwas frisch geschnittener Schnittlauch auf einer Scheibe Roggenbrot mit gesalzener Butter, oder dünn geschnittene Tomatenscheiben mit feinen Basilikumstreifen, etwas kaltgepreßtem Olivenöl und frischem Pfeffer. Dill, Rosmarin, Petersilie, Schnittlauch und Basilikum können Sie zu Hause auf dem Fensterbrett ziehen.*

Kräuter-Gazpacho mit Parmesan-Knoblauch-Brot

Für die Suppe:

5 Strauchtomaten
1 rote Paprikaschote
1 Zwiebel
2 Gurken
1 Knoblauchzehe
150 g Vollmilchjoghurt
1 Bund Petersilie
10 Basilikumblätter
1 Bund Schnittlauch
2 EL Weißweinessig
3 EL Olivenöl
→ Salz
→ Pfeffer aus der Mühle

Für das Knoblauch-Brot:

1 Knoblauchzehe
50 g frisch geraspelter Parmesan
50 g weiche Butter
1/2 Baguette

Die Tomaten waschen, vom Stielansatz befreien und fein würfeln. Paprikaschote putzen und waschen, Zwiebel, Gurken und Knoblauch schälen. 1 Gurke in Stücke schneiden und zusammen mit 3 Tomaten, dem Joghurt sowie 300 ml Wasser im Mixer sehr fein pürieren. Dann in eine Schüssel geben. Das restliche Gemüse in sehr feine Würfel schneiden und dazugeben. Die Kräuter waschen, trockentupfen, fein hacken, mit Essig und Öl vermengen und in die Schüssel geben. Mit Salz und Pfeffer abschmecken. Die Suppe nun für mindestens 3 Stunden kalt stellen. Für das Parmesan-Knoblauch-Brot den Knoblauch schälen, im Mörser zerdrücken und mit Parmesan sowie Butter gut vermengen. Baguette in Scheiben schneiden und mit der Knoblauchbutter bestreichen. Das Bagutte kurz vor dem Servieren der Suppe im Ofen bei 180 °C in etwa 8 Minuten goldgelb backen. Noch heiß zur Suppe reichen.

12

Blumenkohl-Brokkoli-Suppe mit gerösteten Mandeln

Blumenkohl und Brokkoli putzen und waschen. Den Blumenkohl in Stücke teilen, den Brokkoli in mundgerechte Röschen schneiden. Zwiebel schälen, in grobe Würfel schneiden und in einem Topf im Olivenöl leicht andünsten. Mit Gemüsebrühe aufgießen, den Blumenkohl dazugeben und 15 Minuten garen. Den Brokkoli in leicht gesalzenem Wasser in 4 Minuten auf den Punkt garen. Die Mandeln in einer flachen Pfanne ohne Fettzugabe leicht braun rösten. Den Blumenkohl fein pürieren, zurück in den Topf geben, aufkochen und mit Salz und Pfeffer abschmecken. Falls die Suppe zu dickflüssig sein sollte, etwas Gemüsebrühe nachgießen. Die Brokkoliröschen dazugeben und die Suppe auf vorgewärmte Teller verteilen. Jeweils mit einem Klecks saurer Sahne, Mandelblättchen und etwas feingehackter Petersilie garnieren.

- **400 g Blumenkohl**
- **200 g Brokkoli**
- **1 Zwiebel**
- **2 EL Olivenöl**
- **1 l Gemüsebrühe**
- **→ Salz**
- **3 EL Mandelblättchen**
- **→ Pfeffer aus der Mühle**
- **100 g saure Sahne**
- **→ feingehackte Petersilie**

Französische Zwiebelsuppe

- **600 g Zwiebeln**
- **80 g Butter**
- **2 EL Mehl**
- **2 EL Zucker**
- **→ Saft und abgeriebene Schale von 1 unbehandelten Limone**
- **1,5 l Gemüsebrühe**
- **2 Knoblauchzehen**
- **→ Salz**
- **1 Baguette**
- **100 g frisch geriebener Gruyère**
- **3 EL feingehackte Petersilie**

Die Zwiebeln schälen und in feine Ringe schneiden. 50 g Butter in einem Suppentopf erhitzen und die Zwiebeln darin in 15 Minuten bei mittlerer Hitze goldgelb anrösten. Mehl dazugeben, leicht anschwitzen, Zucker dazugeben und leicht karamelisieren lassen. Das Karamel gibt der Suppe eine braune Farbe. Limonensaft zufügen und mit Gemüsebrühe auffüllen, dann etwa 30 Minuten schwach kochen lassen. Knoblauch schälen und im Mörser zerstoßen. Mit der restlichen Butter und der fein geraspelten Limonenschale vermengen und leicht salzen. Das Baguette in Scheiben schneiden und im vorgeheizten Ofen bei 200 °C auf einer Seite rösten. Mit der Knoblauchbutter bestreichen, Käse darüberstreuen und die andere Seite überbacken. Die Suppe abschmecken, die feingehackte Petersilie dazugeben, alles auf kleine Suppenschüsseln verteilen und mit den Baguettescheiben belegen.
Für die heiße Liebe an kalten Tagen!

Cremiges Hühnersüppchen mit Frühlingsgemüsen

- **2 Zwiebeln**
- **2 Möhren**
- **1 Stange Lauch**
- **2 EL Olivenöl**
- **50 g Reis**
- **1 l Hühnerbrühe**
- **200 g Hähnchenbrust**
- **→ Salz**
- **→ Pfeffer aus der Mühle**
- **3 EL frisch geriebener Gruyère**
- **→ feingehackte Petersilie**

Die Zwiebeln sowie die Möhren schälen und in feine Streifen schneiden. Lauch putzen, waschen und in feine Streifen schneiden. Das Olivenöl in einer Stielkasserolle erhitzen, die Zwiebeln darin 10 Minuten glasig dünsten. Den Reis dazugeben und kurz mitdünsten. Mit der Hälfte der Hühnerbrühe auffüllen und das Ganze etwa 20 Minuten leicht kochen lassen, bis der Reis gar ist. Mit einem Stabmixer die Masse fein pürieren und zur Seite stellen. In einer zweiten Kasserolle die restliche Brühe aufkochen, Möhren, Lauch und Hähnchenbrust darin bei mittlerer Hitze 10 Minuten garen. Aufsteigenden Schaum abschöpfen. Die Hähnchenbrust herausnehmen, in mundgerechte Stücke schneiden und wieder zurück in die Suppe geben. Die pürierte Masse dazugeben, die Suppe mit Salz und Pfeffer abschmecken, dann in vorgewärmten Suppentellern anrichten. Mit Käse und etwas gehackter Petersilie bestreuen.

Ein cremiges Süppchen, das ihr Herz erwärmt!

14

Salate

Viele Vitamine, schnell und einfach zubereitet. Das hört sich doch schon mal gut an. Eine Einladung für über den Dächern von Nizza oder lieber wie in Las Vegas ein Chicken Caesar? Lecker sind sie alle!

Salate

Über den Dächern von Nizza-Salat

- 400 g **Thunfisch im eigenen Saft**
- 100 g **Keniabohnen (grüne Bohnen)**
- → **Salz**
- 3 **Strauchtomaten**
- 4 **Frühlingszwiebeln**
- 2 **Limonen**
- 1 TL **Dijon-Senf**
- 6 EL **Olivenöl**
- → **Pfeffer aus der Mühle**
- $^{1}/_{2}$ **Kopfsalat**
- 2 **hartgekochte Eier**
- 10 **schwarze Oliven ohne Stein**
- → **Schnittlauchröllchen**

Den Thunfisch abtropfen lassen und zerpflücken. Die Bohnen putzen, waschen, in 2 cm lange Stücke schneiden und in gesalzenem Wasser 5 Minuten kochen. Abgießen und abtropfen lassen. Die Tomaten enthäuten, entkernen und das Fruchtfleisch in Würfel schneiden. Die Frühlingszwiebeln putzen, waschen und in feine Streifen schneiden. Limonen waschen, eine Frucht auspressen, die andere schälen, die Schale fein hacken und in eine Schüssel geben. Salz, Senf und Limonensaft dazugeben, gut verrühren. Unter ständigem Rühren das Olivenöl dazugeben. Je nach Geschmack und Konsistenz noch Limonensaft dazugeben. Mit Pfeffer abschmecken. Thunfisch, Tomaten, Frühlingszwiebeln sowie Bohnen zum Dressing geben und alles vermischen. Kopfsalat putzen, in Blätter teilen, waschen, trockenschleudern und eine Schüssel damit auslegen. Den Salat in die Mitte plazieren. Eier pellen und achteln. Den Salat mit Eiachteln und Oliven garnieren. Schnittlauch darüberstreuen.
Dazu paßt am besten ein ofenwarmes Knoblauchbrot – und Cary Grant kann kommen!

Entenbrust auf Rucola-Blutorangen-Walnußsalat

- 3 **Blutorangen**
- 1 **Schalotte**
- → **Salz**
- → **Pfeffer aus der Mühle**
- 4 EL **Olivenöl**
- 240 g **Entenbrust**
- 100 g **Rucola**
- 2 EL **gehackte Walnußkerne**

Die Orangen waschen. Von einer Frucht die Schale fein abreiben, dann schälen, das Fruchtfleisch in dünne Scheiben schneiden und vierteln. Die restlichen zwei Blutorangen auspressen. Die Schalotte schälen, fein hacken und zum Orangensaft geben. Salzen, pfeffern und unter ständigem Rühren 3 Eßlöffel Olivenöl dazugeben. Die Entenbrust mit Salz und Pfeffer würzen und im restlichen Olivenöl beidseitig kurz anbraten, dann für 8 Minuten in den auf 180°C vorgeheizten Ofen geben. Rucola waschen und trockentupfen, mit dem Dressing marinieren. Die Entenbrust in dünne Scheiben schneiden und auf dem Salat anrichten. Die Orangenscheiben auf dem Salat verteilen, zum Schluß die gehackten Nüsse darüberstreuen und guten Appetit!

16

Tomaten *Wußten Sie, daß Tomaten erst seit Anfang dieses Jahrhunderts roh gegessen werden? Ursprünglich stammt dieses Nachtschattengewächs aus den südamerikanischen Anden. Nach Europa gelangte die Tomate bereits im 16. Jahrhundert, wurde jedoch für giftig gehalten und über 200 Jahre als Zierpflanze gehalten. Wenn Sie Tomaten kaufen, sollten diese dunkelrot, fest und, im Verhältnis zu ihrer Größe, schwer sein. Für »tomates concassées«, klassische geschälte, kernlose Tomatenwürfel, schneiden Sie den Stielansatz über Kreuz ein, legen die Tomaten auf einem Schaumlöffel für etwa 10 Sekunden in kochendes Wasser und schrecken sie dann in Eiswasser ab. Sie lassen sich nun leicht enthäuten. Halbieren Sie die Früchte quer, entfernen Sie die Kerne und schneiden Sie das Fruchtfleisch in kleine Würfel. Voilà, Sie haben »tomates concassées«!*

Gemüsesalat mit Tomaten-Kräuter-Sauce

200 g grüne Bohnen
→ Salz
12 Perlzwiebeln
1 Zucchini
3 Möhren
1/2 Blumenkohl
1 Schalotte
4 Strauchtomaten
2 EL feingehackte Kräuter (Basilikum, Petersilie, Schnittlauch)
→ Saft von 2 Limonen
4 EL Olivenöl
→ Pfeffer aus der Mühle

Die Bohnen putzen, waschen und in leicht gesalzenem Wasser 4 Minuten blanchieren. Die Perlzwiebeln schälen und etwa 10 Minuten blanchieren. Die Zucchini und die Möhren putzen, waschen und in etwa 4 cm lange Stücke schneiden. Diese sechsteln und mit einem scharfen Messer die Kanten abrunden, je etwa 4 Minuten in leicht gesalzenem Wasser kochen. Den Blumenkohl in kleine Röschen teilen und ebenfalls 4 Minuten in Salzwasser kochen. Alle Gemüse in Eiswasser abkühlen. Dann gründlich abtropfen lassen. Die Schalotte schälen, fein hacken und in eine Schüssel geben. Die Tomaten enthäuten (siehe Tip), entkernen, in kleine Würfel schneiden und hinzufügen. Kräuter, Limonensaft sowie Olivenöl dazugeben, das Ganze gut verrühren und mit Salz und Pfeffer abschmecken. Die Gemüsesorten zum Dressing geben und alles vorsichtig vermengen.

18

Keniabohnensalat mit Knoblauchpesto

Die Bohnen putzen, halbieren und in leicht gesalzenem Wasser 4 Minuten kochen, so daß sie noch Biß haben, in Eiswasser abkühlen. Knoblauch, Basilikumblätter, Essig und Öl im Mixer fein pürieren. Die Bohnen mit Küchenkrepp abtrocknen und auf einem großen Teller kreisförmig anordnen, mit dem Pesto beträufeln. Die Paprikaschote putzen, waschen, in feine Würfel schneiden und darüberstreuen. Den Salat mit schwarzem Pfeffer übermahlen und mit etwas frisch gehobeltem Parmesan bestreuen.

- **300 g Keniabohnen (grüne Bohnen)**
- **→ Salz**
- **3 geschälte Knoblauchzehen**
- **6 Basilikumblätter**
- **2 EL Balsamicoessig**
- **5 EL Olivenöl**
- **$^1/_2$ rote Paprikaschote**
- **→ Pfeffer aus der Mühle**
- **→ frisch gehobelter Parmesan**

Champignons auf Spinatbett

- **2 Strauchtomaten**
- **3 EL Olivenöl**
- **→ Salz**
- **200 g Champignons**
- **2 Knoblauchzehen**
- **200 g Spinatblätter**
- **2 EL Pinienkerne**
- **→ Pfeffer aus der Mühle**
- **→ Saft von 1 Limone**
- **1 TL brauner Zucker**
- **10 Basilikumblätter, fein geschnitten**
- **2 EL geraspelter Parmesan**

Backofen auf 180 °C vorheizen. Die Strauchtomaten waschen, putzen, in Scheiben schneiden, auf einen feuerfesten Teller legen und mit etwas Olivenöl einstreichen. Salzen und im Ofen etwa 20 Minuten backen. Inzwischen die Champignons mit feuchtem Küchenkrepp putzen und vierteln. Knoblauch schälen und fein hacken, Spinat putzen und waschen. 1 Eßlöffel Olivenöl erhitzen und die Champignons zusammen mit dem Knoblauch leicht anbraten, den Spinat sowie 2 Eßlöffel Wasser dazugeben, das Ganze zugedeckt 2 Minuten garen. Pinienkerne ohne Fettzugabe in einer flachen Pfanne rösten. Spinat und Pilze mit Salz und Pfeffer würzen, auf Teller verteilen, dann die Tomaten darüber geben. Limonensaft und Zucker gut verrühren, Basilikum zufügen und die Sauce über den lauwarmen Salat geben. Mit geraspeltem Parmesan und den Pinienkernen bestreuen und an die Toscana denken.

20

Salatkomposition mit Rinderfilet

Den Salat putzen, waschen, abtropfen lassen und bouquetartig auf Teller verteilen. Champignons mit feuchtem Küchenkrepp säubern und vierteln. Das Fleisch in dünne Streifen schneiden, salzen und im heißen Olivenöl kurz anbraten. Herausnehmen und zur Seite stellen. Die Champignons in der Pfanne andünsten, mit Salz und Pfeffer aus der Mühle würzen und mit der Sojasauce und dem Balsamicoessig ablöschen. Das Filet und die halbierten Tomaten kurz in der Pfanne mitschwenken, dann auf dem Salat verteilen. Den Mozzarella und das Basilikum in feine Streifen schneiden und über den Salat geben. Sofort lauwarm servieren.
Für Augen und Gaumen ein Genuß!

50 g Eichblattsalat
50 g Feldsalat
50 g Kopfsalat
100 g Champignons
200 g Rinderfilet
→ Salz
2 EL Olivenöl
→ Pfeffer aus der Mühle
2 EL Sojasauce
1 EL Balsamicoessig
10 Kirschtomaten
125 g Mozzarella
10 Basilikumblätter

Zuckerschotensalat mit Camembert-Dressing

200 g Zuckerschoten
→ Salz
100 g reifer Camembert
2 EL Weißweinessig
1 rote Zwiebel
3 EL Sonnenblumenöl
→ Pfeffer aus der Mühle
50 g Pistazienkerne, gehackt

Die Zuckerschoten putzen und waschen. In leicht gesalzenem Wasser etwa 6 Minuten kochen, sie sollten noch Biß haben. Anschließend in Eiswasser abkühlen und mit Küchenkrepp abtrocknen. Den Camembert in kleine Würfel schneiden und mit dem Essig verrühren. Die Zwiebel abziehen, fein hacken, dazugeben, das Öl langsam einrühren, die Sauce mit frisch gemahlenem Pfeffer und Salz abschmecken. Die Zuckerschoten jeweils zu einem Kreis arrangiert auf Teller verteilen, mit der Sauce überziehen und mit grob gehackten Pistazien bestreuen.
Auf einem Bett von Radicchio angerichtet, macht sich dieser Salat besonders gut.

22

Avocado-Kohl-Salat mit Pep

Den Kohl vierteln, dann den Strunk entfernen, die Kohlblätter waschen und in feine Streifen raspeln. Die Avocado halbieren, den Stein entfernen, das Fruchtfleisch mit einem Löffel von den Schalen lösen und leicht zerdrücken. Sofort mit dem Limonensaft beträufeln. Die Chilischote sehr fein würfeln. Joghurt und Chilischote vermengen. Mit Avocadofruchtfleisch, Kohlstreifen sowie Essig vermischen. Den Salat mit Salz und Pfeffer abschmecken.
Auf einem Bett aus Radicchioblättern angerichtet, ist das der aufregendste Kohlsalat, den Sie je probiert haben!

600 g Weißkohl
1 Avocado
→ Saft von 1 Limone
$^1/_2$ rote Chilischote
150 g Vollmilchjoghurt
2 EL Weißweinessig
→ Salz
→ Pfeffer aus der Mühle

American Chicken Caesar Salat

Den Salat putzen, waschen, trockenschleudern und in etwa 2 cm breite Streifen schneiden. Knoblauch schälen, eine Zehe durch die Presse drücken. Das Erdnußöl mit den Kräutern und der zerdrückten Knoblauchzehe vermischen. Die Hähnchenbrustfilets mit Salz und Pfeffer würzen. Das Fleisch in einer beschichteten Pfanne bei mittlerer Hitze 10 bis 12 Minuten braten, dabei mit einem Pinsel die Kräuter-Knoblauch-Marinade mehrmals auftragen. Toastscheiben würfeln. Butter in einer flachen Bratpfanne erhitzen, die Toastbrotwürfel darin bei mittlerer Hitze goldgelb anbraten. Dann auf Küchenkrepp abtropfen lassen. Eigelbe schaumig rühren, Salz und Pfeffer, Limonensaft, Worcestershiresauce sowie Tabasco dazugeben. Die zweite Knoblauchzehe und die Anchovis mit einer Gabel fein zerstoßen und zufügen. Nach und nach das Olivenöl unterrühren. Den Salat in eine Schüssel geben, mit der Eigelbsauce marinieren, mit Toastbrotwürfeln und Parmesan bestreuen. Die Hähnchenbrustfilets in dünne Scheiben tranchieren und auf dem Salat anrichten.

Ein echter Klassiker aus dem Caesar's Palace in Las Vegas. Anstatt Limonensaft können Sie auch Balsamicoessig verwenden.

1 römischer Salat
2 Knoblauchzehen
2 EL Erdnußöl
1 TL Kräuter der Provence
2 Hähnchenbrustfilets à ca. 150 g
→ Salz
→ Pfeffer aus der Mühle
4 Scheiben Buttertoast
4 EL Butter
2 frische Eigelb
→ Saft von 1 Limone
1 Schuß Worcestershiresauce
→ etwas Tabasco
3 Anchovis
4 EL Olivenöl
3 EL geraspelter Parmesan

Limonen *Wo liegt der Unterschied zur gemeinen Zitrone, die bei uns viel mehr verbreitet und auch preisgünstiger ist? Limonen enthalten weniger Säure und liegen geschmacklich ganz anders als Zitronen. Ohne diese erfrischende und aromatische Frucht wäre die Küche Mexikos und Südostasiens nicht das, was sie ist! Ich empfehle Ihnen den Saft der Limone auch für Fruchtcocktails, ins Müsli zum Frühstück (viel Vitamin C) und eine reife Papaya wird mit einem Spritzer Limonensaft erst so richtig lecker! Die Hauptanbaugebiete sind Israel, Brasilien, Mexiko und die USA.*

24

Gemüse

einmal anders. Nicht aus dem Wasser gezogen oder vor Fett triefend, sondern knackig, phantasievoll zubereitet und dabei noch gesund. Lassen Sie sich von diesen Rezepten inspirieren!

Vegetarische Genüsse

Auberginen mit Früchtecurry

- 2 Auberginen
- 1 Zwiebel
- 2 Knoblauchzehen
- 2 Granny-Smith-Äpfel
- 1 Banane
- 3 EL Sonnenblumenöl
- 50 g Sultaninen
- 3 TL Madras Currypulver
- 200 ml Kokosmilch
- 1 TL Instantgemüsebrühe
- → Saft von 1/2 Limone
- 1 EL Honig
- 3 EL Weißweinessig
- 1 EL Sojasauce
- → Salz
- → Pfeffer aus der Mühle
- → Korianderblättchen
- → Basmatireis

Die Auberginen putzen, waschen und in etwa 1 cm dicke Scheiben schneiden. Die Zwiebel und den Knoblauch abziehen und jeweils in feine Streifen schneiden. Die Äpfel waschen, halbieren, entkernen und in feine Scheiben schneiden. Banane schälen und ebenfalls in Scheiben schneiden. 1 Eßlöffel Öl in einer Pfanne erhitzen und Zwiebel sowie Knoblauch darin leicht andünsten. Apfel- und Bananenscheiben sowie die Sultaninen zugeben und kurz mitdünsten. 2 Teelöffel Currypulver dazugeben, mit Kokosmilch und Gemüsebrühe auffüllen und alles bei kleiner Hitze etwa 10 Minuten köcheln lassen. Mit dem Limonensaft, Honig, Essig, Sojasauce, Salz und Pfeffer abschmecken. Restliches Sonnenblumenöl mit restlichem Currypulver vermengen und die Auberginenscheiben darin wenden. Bei hoher Hitze etwa 4 Minuten in einer Grillbratpfanne grillen, dabei öfters wenden und salzen. Die Scheiben halbkreisförmig auf dem Früchtecurry anrichten, das Ganze mit gehacktem Koriander bestreuen und zusammen mit Basmatireis servieren.

Eine exotisch-würzige Kombination!

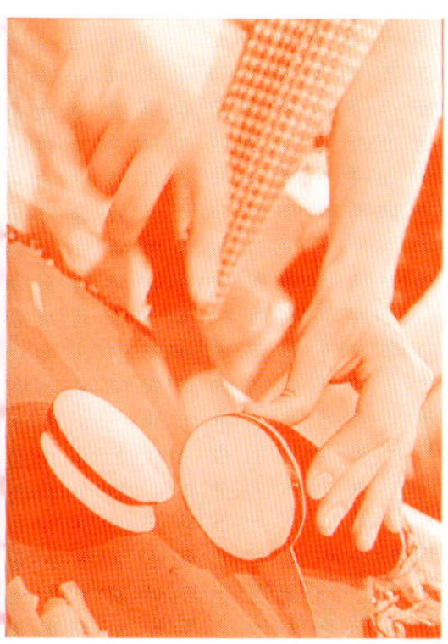

Auberginen *Auberginen sind sehr vielseitig einsetzbar und bei uns das ganze Jahr über erhältlich. Das Fruchtfleisch der »Eierfrüchte« kann leicht bitter schmecken, salzen Sie daher die kleingeschnittenen Auberginen vor dem Zubereiten, damit sie entsäuert werden. Achten Sie beim Kauf auf feste, glänzende Früchte. Auberginen lassen sich vortrefflich mit allem möglichen füllen. Garen Sie die leicht ausgehöhlte Frucht gesalzen im Ofen 10 Minuten vor, überbacken mit Käse schmeckt sie gefüllt am besten.*

26

Pikante Gemüsepfannkuchen auf Feldsalatbett

Backofen auf 120 °C vorheizen. Schnittlauch und Feldsalat waschen, Salat dabei putzen. Kartoffeln, Möhren sowie Sellerie schälen und fein raspeln. Die Zwiebel und den Knoblauch abziehen, zusammen mit der Chilischote in sehr feine Würfel schneiden. Alle Gemüsesorten in eine Schüssel geben (falls Sie es nicht so scharf mögen, ersetzen Sie die Chilischote durch eine halbe rote Paprikaschote). Das Mehl dazusieben, die Eier zufügen, mit Salz und Pfeffer würzen und alles glatt verrühren. Etwas Sonnenblumenöl in einer flachen Pfanne erhitzen, 1 Schöpflöffel Teig ins Öl geben und bei mittlerer Hitze auf jeder Seite etwa 4 Minuten braten. Den Vorgang wiederholen, bis der gesamte Teig verbraucht ist. Die Pfannkuchen im Ofen warm stellen.
Den Schnittlauch grob schneiden und im Mixer zusammen mit dem restlichen Sonnenblumenöl sehr fein pürieren. Den Feldsalat mit dem Schnittlauchöl vermischen und auf Teller verteilen. Kirschtomaten waschen, halbieren und dazugeben. Den Salat mit frisch gemahlenem Pfeffer aus der Mühle bestreuen und die lauwarmen Gemüsepfannkuchen darauf anrichten.
Dieser Leckerbissen ist auch eine ideale Vorspeise.

1 Bund Schnittlauch
150 g Feldsalat
3 Kartoffeln
3 Möhren
100 g Sellerie
1 Zwiebel
1 Knoblauchzehe
1 rote Chilischote
3 EL Mehl
3 Eier
→ Salz
→ Pfeffer aus der Mühle
300 ml Sonnenblumenöl
10 Kirschtomaten

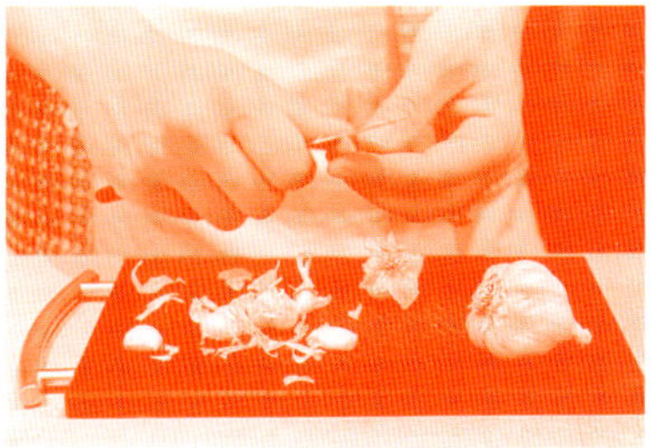

Knoblauch *Knoblauch schälen geht am besten, wenn Sie ein breites Messer auf eine Zehe legen und mit der flachen Hand einmal kräftig auf das Messer schlagen, die Haut läßt sich dann ganz leicht abziehen. Je feiner Knoblauch geschnitten wird, desto intensiver entwickelt sich sein Aroma. Die Zehen enthalten viel ätherisches Öl, das beim Zerkleinern freigesetzt wird, deshalb sollten Sie Knoblauch stets kurz vor der Verwendung hacken oder durchpressen. Kleingeschnittener Knoblauch, der zu lange steht, verliert an Geschmacksstoffen. Die Knolle aus der Familie der Liliengewächse macht auch Appetit und verstärkt die Produktion von Magensäften.*

Gebackener Blumenkohl mit Tomatensalsa

- **2 vollreife Tomaten**
- **1 Zwiebel**
- **1 Knoblauchzehe**
- **1 rote Chilischote**
- **2 EL Weißweinessig**
- **→ Saft von 1 Limone**
- **1 EL Crème fraîche**
- **1 EL gehackter Koriander**
- **→ Salz**
- **→ Pfeffer aus der Mühle**
- **1 Blumenkohl**
- **3 EL Mehl**
- **2 Eier**
- **2 EL Milch**
- **→ Öl zum Fritieren**

Die Tomaten waschen, vom Stielansatz befreien und grob würfeln. Zwiebel und Knoblauchzehe abziehen und grob hacken, Chilischote längs halbieren und entkernen. Tomaten, Zwiebel, Knoblauch und Chilischote im Mixer pürieren. Den Essig und den Limonensaft dazugeben. Nun Crème fraîche und Koriander unter die Sauce rühren. Mit Salz und Pfeffer abschmecken. Den Blumenkohl putzen, waschen und in kleine Röschen teilen. Das Mehl mit den Eiern, 1 Prise Salz sowie mit der Milch mit einem Schneebesen zu einem Ausbackteig verühren. Öl in einer Friteuse auf 170 °C erhitzen. Die Blumenkohlröschen mit Hilfe einer Gabel einzeln durch den Teig ziehen und im Öl in 4 bis 6 Minuten goldgelbbacken, auf Küchenkrepp abtropfen lassen. Die noch warmen Blumenkohlröschen zusammen mit der Tomatensalsa als Fingerfood servieren.

28

Gebackene Zucchinistreifen

Die Zucchini waschen, putzen und mit einem Sparschäler in lange, feine Streifen schneiden. Die Pistazienkerne im Mixer fein hacken, mit der Hälfte der Petersilie und dem Paniermehl vermengen. Das Mehl in einen tiefen Teller sieben, die Eier verquirlen und leicht salzen. Ausreichend Öl in einer Friteuse auf 170 °C erhitzen. Die Zucchinistreifen zuerst im Mehl, dann in den verquirlten Eiern und anschließend in der Paniermehlmischung wenden. Im Öl etwa 3 Minuten ausbacken, dabei wenden. Dann auf Küchenkrepp abtropfen lassen. Den Joghurt mit Limonensaft, restlicher Petersilie, Salz und schwarzem Pfeffer aus der Mühle verrühren und als Dip dazu servieren.
Eine köstliche Vorspeise!

1 Zucchini
50 g Pistazienkerne
1 EL feingehackte Petersilie
4 EL Paniermehl
3 EL Mehl
2 Eier
→ Salz
→ Öl zum Fritieren
150 g Naturjoghurt
→ Saft von 1 Limone
→ Pfeffer aus der Mühle

Quiche »Firenze«

200 g Mehl
100 ml Olivenöl
→ Öl für das Blech
3 Eier
200 ml Milch
100 g geriebener Emmentaler
→ frisch geriebene Muskatnuß
→ Salz
4 vollreife Tomaten
200 g Champignons
4 Basilikumblätter, in Streifen

Das Mehl in eine Schüssel geben, Olivenöl sowie 2 Eßlöffel Wasser hinzufügen und das Ganze zu einem glatten Teig verarbeiten. Etwas Mehl auf eine Arbeitsfläche geben und den Teig kräftig durchkneten, dann mindestens 30 Minuten im Kühlschrank ruhen lassen. Ein Backblech (Durchmesser 23 cm) einfetten, den Teig in der Größe des Blechs ausrollen und darauf legen. Den Backofen auf 180 °C vorheizen. Die Eier verquirlen, die Milch, den Käse sowie eine Prise Muskat dazugeben und leicht salzen. Die Hälfte dieser Masse auf den Teig geben. Die Tomaten waschen, trockenreiben, vom Stielansatz befreien und in Scheiben schneiden. Die Champignons mit Küchenkrepp säubern und blättrig schneiden. Beides auf der Eiermasse verteilen. Das Basilikum unter die restliche Eiermasse mischen und über die Tomaten- und Champignonscheiben gießen. Die Quiche im Ofen 25 bis 35 Minuten backen.
Zusammen mit einem knackigen Salat und einem Glas Chianti serviert, schmeckt das fast wie in Italien.

30

Pilze *Champignons aus Kultivierungen sind aus der mitteleuropäischen Küche kaum mehr wegzudenken. Wichtig ist, daß Sie Champignons nicht unter fließendem Wasser reinigen, sie verlieren so schnell ihr feines Aroma. Putzen Sie die Pilze mit einem leicht angefeuchteten Küchentuch oder vorsichtig mit einer Gemüsebürste. Japanische Shiitakepilze sind auch bei uns in den letzten Jahren sehr populär geworden. Die Stiele sollten Sie wegschneiden, sie können jedoch bestens für eine Pilzsauce oder eine Suppe verwendet werden. Gekocht entfaltet der Shiitake ein leicht erdiges, rauchiges Aroma und eignet sich vortrefflich zum Beispiel für ein Pilzrisotto (siehe S. 80). Beim Kauf von Austernpilzen sollten Sie darauf achten, daß sie trocken sind, eine gleichmäßige Farbe haben, und keine Unreinheiten aufweisen. Pilze verlieren nach der Ernte schnell an Geschmack, kaufen Sie deshalb immer frisch ein.*

Sommergemüse vom Grill

- **je 1 rote und grüne Paprikaschote**
- **2 Auberginen**
- **→ Salz**
- **8 Perlzwiebeln**
- **200 g Champignons**
- **2 Zucchini**
- **2 Knoblauchzehen**
- **→ Saft von 2 Limonen**
- **4 EL Olivenöl**
- **10 Basilikumblätter, in Streifen**
- **→ Pfeffer aus der Mühle**

Die Paprikaschoten waschen, halbieren, entkernen und in etwa 4 cm große Vierecke schneiden. Die Auberginen waschen, putzen, in 1 cm dicke Scheiben schneiden und salzen. Die Perlzwiebeln schälen. Von den Champignons die Stiele entfernen. Die Zucchini waschen, putzen und in Scheiben schneiden. Das Gemüse in eine Schüssel geben. Die Knoblauchzehen abziehen, in eine kleine Schüssel durchpressen und darin mit Limonensaft, Olivenöl und Basilikum vermengen. Die Marinade zum Gemüse geben, das Ganze vorsichtig vermischen und etwa 2 Stunden durchziehen lassen. Das Gemüse in eine Grillbratpfanne (Pfanne mit gewelltem Boden, ersatzweise Bratpfanne) geben und etwa 5 Minuten bei mittlerer Hitze grillen, dabei mit Pfeffer aus der Mühle und mit Salz bestreuen. Zwischendurch mit der restlichen Marinade bestreichen.

Dazu eine Ofenkartoffel mit saurer Sahne, und Sie haben ein perfektes vegetarisches Sommergericht!

Kartoffel-Bohnen-Auflauf mit Feta

300 g Kartoffeln
→ Salz
200 g grüne Bohnen
2 Zwiebeln
1 rote Paprikaschote
→ Olivenöl für die Form
200 g Naturjoghurt
200 g Feta (griechischer Schafskäse)
→ Pfeffer aus der Mühle
1 Zucchini
→ Olivenöl zum Beträufeln
→ feingehackte Petersilie

Die Kartoffeln schälen, in mittelgroße Würfel schneiden und in Salzwasser etwa 10 Minuten kochen. Die Bohnen waschen, putzen, in etwa 5 cm lange Stücke schneiden und 3 Minuten in leicht gesalzenem Wasser blanchieren. Die Zwiebeln schälen und fein hacken, die Paprikaschote waschen, putzen, entkernen und würfeln. Den Backofen auf 190 °C vorheizen. Eine ovale Auflaufform mit Olivenöl einfetten. Kartoffeln, Bohnen, Zwiebeln und Paprikaschote hineingeben. Joghurt und Feta zusammen im Mixer fein pürieren, mit Salz und Pfeffer würzen, über das Gemüse geben und gut umrühren. Die Zucchini waschen, putzen, in Scheiben schneiden und auf dem Auflauf verteilen. Das Ganze mit etwas Olivenöl beträufeln, salzen und im Ofen etwa 30 Minuten backen. Vor dem Servieren mit feingehackter Petersilie bestreuen.
Grieche sucht Griechin? Gefunden.

Fried Broccoli »Singapore«

Den Brokkoli waschen, putzen und in Röschen schneiden. In kochendem Wasser etwa 2 Minuten blanchieren und anschließend in Eiswasser abkühlen. Abtropfen lassen. Die Sesamsamen in einer beschichteten Pfanne ohne Fettzugabe bei mittlerer Hitze hellbraun rösten und beiseite stellen. Die Knoblauchzehen abziehen und im Mörser zerstoßen. Die Frühlingszwiebel putzen, waschen und fein schneiden. Das Sesamöl in einem Wok oder in einer großen Bratpfanne erhitzen, den Knoblauch, die Frühlingszwiebel sowie den Ingwer darin kurz anbraten. Den Brokkoli dazugeben und bei starker Hitze unter Rühren etwa 3 Minuten braten. Den Essig, die Sojasauce und die Sesamsamen dazugeben, mit Salz und Pfeffer abschmecken und sofort servieren.
Das ist Brokkoli at its best!

600 g Brokkoli
2 EL Sesamsamen
2 Knoblauchzehen
1 Frühlingszwiebel
2 TL Sesamöl
1 TL frisch geriebener Ingwer
2 EL Balsamicoessig
1 TL Sojasauce
→ Salz
→ Pfeffer aus der Mühle

32

Ratatouille-Wildreis-Bratlinge

Die Wildreismischung nach Packungsangabe kochen. Dann gut abtropfen lassen. Die Aubergine waschen, putzen, in kleine Würfel schneiden, salzen und etwa 20 Minuten stehen lassen. Paprikaschote waschen, putzen, entkernen und würfeln. Die Tomaten heiß überbrühen, kalt abschrecken, enthäuten, von den Stielansätzen sowie den Kernen befreien und das Fruchtfleisch grob würfeln. Zwiebeln und Knoblauch abziehen und fein hacken. 1 Eßlöffel Öl in einer Pfanne erhitzen, Zwiebeln und Knoblauch darin andünsten. Dann Paprikaschote, abgetropfte Auberginenwürfel sowie Tomaten zufügen und ebenfalls mitdünsten. Tomatenmark dazugeben, mit Salz und Pfeffer würzen und das Ganze in eine Schüssel geben. Wildreis, Mehl, Eier und Milch dazugeben und alles gut vermischen. Mit einigen Spritzern Tabasco abschmecken. In einer Bratpfanne restliches Öl und Butter erhitzen. Mit einem Eßlöffel aus der Reismasse kleine Häufchen formen. Diese leicht flachdrücken, dann im Fett auf beiden Seiten etwa 4 Minuten bei mittlerer Hitze braten. Die Bratlinge auf Küchenkrepp abtropfen lassen und dann lauwarm genießen.

100 g Wildreismischung
1 Aubergine
→ Salz
1 rote Paprikaschote
2 Tomaten
2 Zwiebeln
1 Knoblauchzehe
3 EL Sonnenblumenöl
1 EL Tomatenmark
→ Pfeffer aus der Mühle
3 EL Mehl
2 Eier
200 ml Milch
→ Tabasco
2 EL Butter

Pasta –

allein dieses Wort weckt in uns schon die Lebensgeister und den Hunger! Erinnerungen an den letzten Italienurlaub oder an einen romantischen Abend im Ristorante um die Ecke werden wach. Dazu ein Glas Chianti – das ist »la dolce vita«! In den folgenden Rezepten habe ich auf die Balance geachtet: viel Geschmack und vor allem viel Frische! Buon appetito!

Pasta

Frische Pasta

- **300 g Weizenmehl**
- **3 Eier**
- **1 Prise Salz**
- **3 EL Olivenöl**

Das Mehl in eine Schüssel sieben und in die Mitte eine Vertiefung drücken. Die Eier leicht verquirlen und in die Vertiefung geben. Das Salz und das Olivenöl hinzufügen. Mit einer Gabel nach und nach Mehl unter die Masse mischen. Sobald sich ein Teig gebildet hat, etwas Mehl auf eine Arbeitsfläche geben und den Teig 5 Minuten lang durchkneten. Wieder in die Schüssel geben, mit einem Teller abdecken und 30 Minuten im Kühlschrank ruhen lassen. Den Teig dritteln. Die Teile auf einer bemehlten Arbeitsfläche dünn ausrollen und dann in die gewünschte Form schneiden (sehr hilfreich sind Nudelmaschinen). Die Pasta 10 Minuten trocknen lassen. In gesalzenem Wasser zusammen mit etwas Olivenöl 1 bis 2 Minuten kochen. Wenn die Teigwaren an der Oberfläche schwimmen, sind sie gar. Wasser abgießen, Nudeln abtropfen lassen, etwas Butter oder Olivenöl dazugeben und fertig ist die hausgemachte Pasta!

Variationen nach Lust und Laune: *Sie können den Teig auch in einer leistungsfähigen Küchenmaschine zubereiten. Lecker ist zum Beispiel, wenn Sie das Olivenöl für den Teig zusammen mit etwas Schnittlauch im Mixer pürieren. Die Pasta bekommt eine tolle grüne Farbe. Zum Einfärben und Aromaverstärken eignen sich auch Tomatenmark, Spinat oder Basilikum – Ihrer Phantasie sind hier keine Grenzen gesetzt!*

36

Pasta & Chicken & Pesto »P & C & P«

Die Hähnchenbrust in Streifen schneiden, mit Salz und Pfeffer würzen. Die Knoblauchzehen abziehen und durch eine Presse drücken. 1 Zehe mit den Fleischstreifen mischen. Die Tomaten waschen, vom Stielansatz befreien und würfeln. Die Penne zusammen mit einem Schuß Olivenöl in reichlich Salzwasser bißfest garen. 1 Eßlöffel Olivenöl in einer Pfanne erhitzen und das Fleisch darin kurz anbraten, dann herausnehmen und beiseite stellen. Die Cashewnüsse in der Pfanne leicht anrösten. Restliches Olivenöl, restliche Knoblauchzehe, Basilikum, geriebenen Parmesan und Oliven im Mixer fein pürieren. Die Tomaten und das Fleisch zu den Nüssen geben und kurz schwenken, mit Salz und Pfeffer abschmecken. Die Pasta mit dem Pesto vermengen, Hähnchenfleisch, Tomaten sowie Cashewnüsse dazugeben und das Ganze mit fein geraspeltem Parmesan bestreuen. Mit einem Basilikumzweig garnieren.
Grüße aus Little Italy!

400 g Hähnchenbrust
→ Salz
→ Pfeffer aus der Mühle
2 Knoblauchzehen
2 Strauchtomaten
300 g Penne
4 EL Olivenöl
100 g Cashewnüsse
6 Basilikumblätter
50 g frisch geriebener Parmesan
10 grüne Oliven, entsteint
→ Pfeffer aus der Mühle
→ geraspelter Parmesan
1 Basilikumzweig

Farfalle mit Chorizo »Carlos«

1 Zwiebel
1 Zucchini
200 g Chorizo (Knoblauchwurst)
1 rote Chilischote
3 Fleischtomaten
350 g Farfalle (Schmetterlingsnudeln)
→ Salz
2 EL Olivenöl
2 EL Tomatenmark
→ Pfeffer aus der Mühle
200 ml kräftiger Rotwein
2 EL Crème fraîche
→ gehackte Petersilie

Die Zwiebel schälen und fein hacken, die Zucchini waschen, putzen und in dünne Scheiben schneiden. Die Chorizo in breite Streifen schneiden. Die Chilischote fein würfeln, die Tomaten waschen, vom Stielansatz befreien und ebenfalls würfeln. Die Nudeln in Salzwasser bißfest kochen. Das Olivenöl in einer Pfanne erhitzen, Zwiebel und Zucchini darin in etwa 5 Minuten weich dünsten. Dann die Knoblauchwurst dazugeben und leicht anbraten, Chilischote, Tomatenmark und Fleischtomaten zufügen. Mit Salz und Pfeffer abschmecken, dann den Wein zugeben und alles 5 Minuten köcheln lassen, zum Schluß die Crème fraîche unterziehen. Die Nudeln abtropfen lassen und mit der Sauce vermengen. Mit Petersilie bestreuen.
Ein herzhaftes Gericht mit Rasse.

Pasta 1-2-3 (one, two, three)

Die Nudeln in sprudelndem Salzwasser zusammen mit dem Olivenöl bißfest (al dente) garen. Wasser abgießen und die Nudeln in eine Schüssel geben. Die Butterflocken, das in Streifen geschnittene Basilikum sowie den Knoblauch dazugeben und alles mit frisch gemahlenem Pfeffer abschmecken. Auf vorgewärmten Teller anrichten und mit dem Parmesan bestreuen.

Schmeckt garantiert frisch (1), ist einfach (2), und sogar noch gesund (3). Deswegen Pasta 1–2–3!

300 g Penne
→ Salz
1 EL Olivenöl
50 g Butterflöckchen
12 Basilikumblätter
2 feingehackte Knoblauchzehen
→ Pfeffer aus der Mühle
4 EL frisch geriebener Parmesan

Fusilli con Salmone »Gina«

2 Zwiebeln
1 Knoblauchzehe
300 g frisches Lachsfilet
400 g Fusilli (Spiralnudeln)
→ Salz
1 Schuß Olivenöl
200 ml trockener Weißwein
2 EL Olivenöl
2 EL Mehl
300 ml Milch
→ Saft von 1/2 Zitrone
1 TL Worcestershiresauce
→ Pfeffer aus der Mühle
1 EL Schnittlauchröllchen
100 g Sahne
→ Schnittlauch zum Garnieren
→ gehobelter Parmesan

Zwiebeln und Knoblauch abziehen und fein hacken. Den Lachs in mundgerechte Stücke schneiden. Die Nudeln in sprudelndem Salzwasser zusammen mit einem Schuß Olivenöl bißfest (al dente) kochen. Die Lachsstücke in eine flache Kasserolle geben, salzen, mit dem Weißwein aufgießen, das Ganze kurz aufkochen und dann 5 Minuten zugedeckt ziehen lassen. Die Zwiebeln und den Knoblauch im Olivenöl leicht andünsten, das Mehl zugeben, gut verrühren, den Weißweinfond, in dem der Lachs pochiert wurde, und die Milch zugeben, aufkochen und 5 Minuten bei mittlerer Hitze köcheln lassen. Mit Zitronensaft, Worcestershiresauce, Salz, Pfeffer und Schnittlauch würzen. Zum Schluß die Sahne und den Lachs zugeben. Kurz aufkochen lassen. Die Nudeln abtropfen lassen und unterheben. Mit etwas Schnittlauch und grob gehobeltem Parmesan garnieren.

Basta – war doch gar nicht schwer!

40

Maccaroni Mamma Mia

Backofen auf 180 °C vorheizen. Die Nudeln in sprudelndem Salzwasser zusammen mit dem Olivenöl bißfest (al dente) garen. Die Eier mit der Sahne verquirlen und mit Salz, Pfeffer sowie Muskatnuß abschmecken. Eine Auflaufform mit etwas Butter einfetten. Die Makkaroni abgießen, kalt abschrekken, abtropfen lassen und in die Form geben. Die Eier-Sahne-Masse darübergießen, die feingehackte Knoblauchzehe und den geriebenen Parmesan darüberstreuen. Die Speckscheiben in dicke Streifen schneiden und diese auf den Nudeln verteilen. Den Auflauf im Ofen etwa 30 Minuten backen. Der Speck sollte knusprig sein.
E viva la Mamma!

300 g Makkaroni
→ Salz
1 EL Olivenöl
4 Eier
200 g Sahne
→ Pfeffer aus der Mühle
1 Prise frisch geriebene Muskatnuß
1 EL Butter
1 feingehackte Knoblauchzehe
4 EL frisch geriebener Parmesan
150 g Speckscheiben

Linguine Tri Colore

350 g Linguine
→ Salz
1 EL Olivenöl
je 1 kleines Bund Basilikum, Pfefferminze, Petersilie, Dill, Schnittlauch und Kerbel
4 Fleischtomaten
1 Knoblauchzehe
50 g Butter
50 g Mandelblättchen
→ abgeriebene Schale von 1/2 unbehandelten Limone
→ Saft von 1 Limone
50 g frisch geriebener Parmesan
→ Pfeffer aus der Mühle

Die Nudeln in sprudelndem Salzwasser zusammen mit dem Olivenöl bißfest (al dente) garen. Die Kräuter waschen, trockenschütteln und fein hacken. Die Tomaten heiß überbrühen, schälen, entkernen und in Würfel schneiden. Die Knoblauchzehe abziehen, sehr fein hacken, in der Butter leicht andünsten, die Mandeln dazugeben und leicht bräunen. Nun die Kräuter und die Tomatenwürfel dazugeben. Limonenschale und -saft untermengen. Die Hälfte des geriebenen Käses hinzufügen und die Sauce mit Salz und Pfeffer aus der Mühle abschmecken. Die Nudeln abgießen, in einer vorgewärmten Schüssel mit der Sauce vermischen, mit dem restlichen Parmesan bestreuen, sofort servieren und genießen.

Käse *Ich verwende in vielen Rezepten Käse. Seien es nur einige hauchdünne Scheiben »Parmigiano Reggiano«, des echten Parmesans, die einem herzhaften Pastagericht die Krone aufsetzen oder etwas fein geriebener Gruyère, mit seiner leicht nussigen Note. Beachten Sie, daß Käse einen hohen Salzgehalt hat, überall, wo noch Käse dazu kommt, vorsichtig salzen. Bewahren Sie Käse gut verpackt im Kühlschrank auf und denken Sie daran, den Käse 30 Minuten vor dem Verzehr aus dem Kühlschrank zu nehmen, damit er sein volles Aroma entfalten kann.*

Pasta Verdura

- **1 Aubergine**
- **2 Knoblauchzehen**
- **1 Zwiebel**
- **200 g Champignons**
- **500 g Strauchtomaten**
- **300 g Penne**
- **→ Salz**
- **5 EL Olivenöl**
- **→ Pfeffer aus der Mühle**
- **3 EL feingehackte Petersilie**
- **4 EL frisch geriebener Parmesan**

Aubergine waschen, putzen und würfeln. Knoblauch und Zwiebel abziehen und fein hacken. Pilze putzen und kleinschneiden. Die Tomaten waschen, vom Stielansatz befreien und würfeln. Die Penne in sprudelndem Salzwasser bißfest (al dente) garen. Inzwischen 1 Eßlöffel Olivenöl erhitzen und Zwiebel sowie Knoblauch darin andünsten. Die Aubergine dazugeben und salzen. Die Champignons zufügen und bei kleiner Hitze 5 Minuten mitdünsten. Tomaten dazugeben, alles mit Salz und Pfeffer würzen, die Petersilie unterrühren und kurz miterhitzen. Die Nudeln abgießen, in einer vorgewärmten Schüssel mit der Sauce vermengen und das restliche Olivenöl untermischen. Vor dem Anrichten mit Parmesan bestreuen.

So schmeckt Frische pur, und diese Pasta sieht auch danach aus!

42

Rigatoni mit Waldpilzen und Hirschfilet

Schalotte und Knoblauch abziehen und fein hacken. Pilze putzen und vierteln, Möhren schälen und würfeln. Die Nudeln in sprudelndem Salzwasser zusammen mit 1 Eßlöffel Olivenöl bißfest (al dente) garen. Inzwischen 1 Eßlöffel Olivenöl erhitzen und Schalotte sowie Knoblauch darin leicht andünsten. Die Pilze und die Möhren dazugeben und kurz mitdünsten. Mit dem Weißwein ablöschen, mit Sahne auffüllen und das Ganze bei kleiner Hitze 5 Minuten köcheln lassen. Das Hirschfilet in Streifen schneiden und im restlichen Olivenöl schnell anbraten, mit Salz und Pfeffer würzen und in die nicht mehr kochende Sauce geben. Mit Salz und Pfeffer aus der Mühle abschmecken und vorsichtig unter die abgetropften Rigatoni heben. Zum Schluß die Butter in einer Bratpfanne schaumig werden lassen und die Trauben kurz darin schwenken. Die Petersilie dazugeben und zusammen mit den Trauben über die angerichtete Pasta geben.

Falls Sie kein Hirschfleisch mögen oder keines bekommen können, bereiten Sie dieses edle Gericht mit Rinder- oder Schweinefilet zu!

1 Schalotte
1 Knoblauchzehe
150 g Steinpilze
100 g Pfifferlinge
2 Möhren
300 g Rigatoni
→ Salz
3 EL Olivenöl
300 ml trockener Weißwein
300 g Sahne
300 g Hirschfilet
→ Pfeffer aus der Mühle
2 EL Butter
100 g rote Trauben, halbiert und entkernt
2 EL gehackte Petersilie

44

Fettuccine Shanghai Express

Die Pilze putzen und in mundgerechte Stücke schneiden. Den Knoblauch schälen und in dünne Scheiben schneiden. Die Nudeln in sprudelndem Salzwasser zusammen mit dem Olivenöl bißfest (al dente) kochen, dann abgießen. Das Sesamöl in einer Pfanne erhitzen, die Knoblauchscheiben darin anbraten und anschließend auf Küchenkrepp geben, damit das überschüssige Fett aufgesaugt wird. Die Pilze in derselben Pfanne 10 Minuten bei mittlerer Hitze anbraten. Den Limonensaft dazugeben und mit Balsamico und Sojasauce ablöschen. Die Kokosmilch dazugeben, kurz einkochen lassen und mit Salz und Pfeffer abschmecken. Die Sojasprossen und die Nudeln dazugeben. Das Ganze vorsichtig vermengen. Auf Tellern anrichten und mit dem in feine Streifen geschnittenen Basilikum und den Knoblauchscheiben bestreuen.

Expreß, leicht und lecker. Was will man mehr?

150 g Shiitakepilze
150 g Champignons
4 Knoblauchzehen
350 g Fettuccine (dünne Nudeln)
→ Salz
1 EL Olivenöl
2 EL Sesamöl
→ Saft von 1 Limone
2 EL Balsamicoessig
3 EL Sojasauce
200 ml Kokosmilch
→ Pfeffer aus der Mühle
100 g Sojasprossen
6 Basilikumblätter, in feinen Streifen

Olivenöl *Achten Sie besonders beim Kauf von Olivenöl auf Qualität. »Extra Vergine« bezeichnet die beste Qualität, die erste, kalte Pressung noch etwas unreifer Oliven. Es hat fast keine Säure und kommt oft ungefiltert auf den Markt. Diese Qualität empfehle ich Ihnen für Gerichte, bei denen der Geschmack des Öls an erster Stelle steht, wie kalte Vorspeisen und Salate. Zum Braten und Dünsten eignet sich auch ein Öl der zweiten Pressung. Versuchen Sie auch einmal die Mischung aus Butter und Olivenöl, Sie werden überrascht sein. Übrigens: Ein edles Olivenöl ist ein prima Geschenk für alle, die leidenschaftlich gerne kochen.*

Rassige Rucola-Rigatoni

Den Rucola waschen und die Blätter in der Mitte durchschneiden. Die Nudeln in kochendem Salzwasser bißfest (al dente) kochen und abgießen. In der Zwischenzeit den Knoblauch im Olivenöl kurz andünsten, die feingewürfelte Chilischote dazugeben, mit Gemüsebrühe aufgießen und kurz einkochen lassen. Die Sahne dazugeben und alles mit Limonensaft, Salz und Pfeffer aus der Mühle abschmecken. Speisestärke mit etwas Wasser anrühren und die Sauce damit binden. Den Rucola vorsichtig unter die Sauce heben, diese mit den Nudeln vermengen, alles auf Teller geben und den Parmesan darüberstreuen.

Es grünt so grün ... Wer es noch grüner mag, nimmt grüne Rigatoni.

150 g Rucola
350 g Rigatoni
→ Salz
1 feingehackte Knoblauchzehe
2 EL Olivenöl
1 grüne Chilischote, feingewürfelt
300 ml Gemüsebrühe
200 g Sahne
→ Saft von 1 Limone
→ Pfeffer aus der Mühle
1 TL Speisestärke
→ frisch gehobelter Parmesan

46

Spaghetti mit Nüssen für Aschenbrödel

Den Parmaschinken in feine Streifen schneiden und in einer Bratpfanne kurz anbraten. Die Spaghetti in sprudelndem Salzwasser zusammen mit 1 Eßlöffel Olivenöl bißfest (al dente) kochen. Die Haselnüsse zusammen mit dem Knoblauch, Parmesan (1 Eßlöffel zum Garnieren zurückbehalten), Basilikum und restlichen Olivenöl im Mixer fein pürieren, mit dem Ricotta vermischen und mit Salz und Pfeffer abschmecken. Die Spaghetti mit der Sauce vermengen, die Schinkenstreifen und den restlichen Parmesan darüberstreuen und das Ganze mit einem Zweig Petersilie garnieren.

Nussig macht lustig. Sagen Sie nicht, das hätten Sie nicht gewußt ...

100 g Parmaschinken, in Scheiben
350 g Spaghetti
→ Salz
6 EL Olivenöl (extra vergine)
100 g Haselnußkerne
2 geschälte Knoblauchzehen
50 g frisch gehobelter Parmesan
12 Basilikumblätter
150 g Ricotta
→ Pfeffer aus der Mühle
1 Zweig Petersilie zum Garnieren

Grießgnocchi mit Herz & Speck

200 g Speck, in Würfeln
1 l Milch
→ Salz
→ Pfeffer aus der Mühle
1 Prise frisch geriebene Muskatnuß
250 g Weizengrieß
2 verquirlte Eier
100 g frisch geraspelter Parmesan
50 g Butter

Den Speck in einer beschichteten Pfanne ohne Fett knusprig braten. Auf Küchenkrepp abtropfen lassen. Die Milch zusammen mit einer Prise Salz, Pfeffer und Muskat aufkochen. Den Grieß dazugeben und unter ständigem Rühren 10 Minuten bei mittlerer Hitze kochen, vom Herd nehmen und die leicht verquirlten Eier, den Parmesan und die Speckwürfelchen dazugeben. Die Masse auf einem gefetteten Blech 2 cm dick verstreichen und mindestens 1 Stunde im Kühlschrank abkühlen lassen. Aus der Masse dann mit einem bemehlten Plätzchenausstecher Herzchen ausstechen. Butter in einer Pfanne erhitzen und die Herzen beidseitig goldbraun braten.

Auf einem knackigen Rucola- oder Feldsalatnest ein ganz besonders schönes Gericht, um jemandem zu sagen, daß Liebe nicht nur, aber auch durch den Magen geht ...

Fischers Fritz

fischte damals frische Fische. Sie brauchen diesen frischen Fisch zum Glück nur noch zu kaufen. Eigentlich gibt es fast nichts Schöneres, als einen fangfrischen Fisch oder einige frische Garnelen und die Gewißheit, diese auch bald essen zu können! Viel Spaß!

Fisch & Meeresfrüchte

Garnelen auf Jalapeño-Shiitake-Sauce

Die Garnelen schälen, jeweils die Schwänze längs einschneiden und den Darm entfernen. In eine Schüssel geben und mit dem Limonensaft, Salz und frisch gemahlenem Pfeffer marinieren. Die Chilischote halbieren, die Kerne entfernen, das Fruchtfleisch in Streifen schneiden und in eine Stielkasserolle geben. Die Tomaten waschen, vom Stielansatz befreien und in grobe Würfel schneiden. Knoblauchzehen und Zwiebel schälen, fein hacken, dann zusammen mit den Tomaten in die Kasserolle geben. Mit 200 ml Hühnerbrühe auffüllen, so daß alles bedeckt ist, und das Ganze 10 bis 12 Minuten bei mittlerer Hitze garen. In der Zwischenzeit die Shiitakepilze putzen, den Stamm abbrechen, die Pilze vierteln und in heißer Butter anbraten. Unter Rühren bei kleiner Hitze etwa 10 Minuten garen. Die Chili-Tomaten-Sauce im Mixer fein pürieren und nun zu den Pilzen dazugeben, restliche Hühnerbrühe angießen, bis eine Sauce entsteht. Mit Salz und Pfeffer abschmecken. Die Garnelen im Olivenöl anbraten, bis sie rosa sind und sich aufrichten. Die Sauce auf eine flache Platte geben und die Garnelen darauf anrichten. Das Ganze mit Crème fraîche beträufeln und mit gehackter Petersilie bestreuen. Mit Reis servieren.
Buen provecho! heißt guten Appetit in Mexiko!

12 Garnelen, in der Schale
→ Saft von 1 Limone
→ Salz
→ Pfeffer aus der Mühle
1 Jalapeño-Chilischote
4 Strauchtomaten
2 Knoblauchzehen
1 Zwiebel
100 g Shiitakepilze
50 g Butter
300 ml Hühnerbrühe
2 EL Olivenöl
2 EL Crème fraîche
→ feingehackte Petersilie
→ Reis zum Servieren

50

Shrimps & Pasta & Basta

Knoblauchzehe und Schalotte schälen und fein hacken. Die Garnelen schälen und jeweils mit einem Schnitt den Darm unter fließendem Wasser entfernen. 1 Eßlöffel Öl in einer Pfanne erhitzen, die Garnelen hineingeben und unter ständigem Schwenken anbraten. Butter, Schalotte sowie Knoblauch dazugeben, mit Salz und Pfeffer aus der Mühle würzen und weiter schwenken. Dann das Paniermehl und ganz zum Schluß 2 Eßlöffel Petersilie dazugeben. Die Spaghettini in der Zwischenzeit in sprudelndem Salzwasser bißfest (al dente) kochen, abgießen, restliches Olivenöl dazugeben und die Nudeln als Nest anrichten. Die Garnelen darauf geben, mit Limonenvierteln und restlicher Petersilie dekorieren. *Schnell, lecker und basta.*

1 Knoblauchzehe
1 Schalotte
16 Garnelen, in der Schale
3 EL Olivenöl
1 EL Butter
→ Salz
→ Pfeffer aus der Mühle
3 EL Paniermehl
3 EL feingehackte Petersilie
200 g Spaghettini
1 Limone, in Vierteln

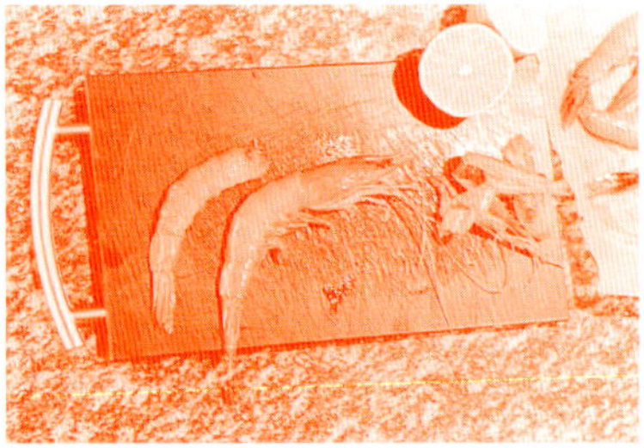

Garnelen *Noch wichtiger als bei allen anderen Lebensmitteln ist bei Fischen und Meeresfrüchten die Frische. Wenn Sie ganze, ungeschälte Garnelen kaufen, erwartet Sie etwas Arbeit mit dem Schälen. Dafür haben Sie Köpfe und Schalen für die Dekoration und aus den Schalen können Sie hervorragende Fonds herstellen. Entfernen Sie zunächst mit einer leichten Drehung den Kopf, dann die Beine, und dann, vom Schwanz beginnend, die Schale. Legen Sie die Garnele auf eine Arbeitsfläche und schneiden Sie mit einem scharfen Messer längs in den Rücken, um den Darm zu entfernen. Spülen Sie die Rückstände unter fließendem Wasser weg.*

Gebackene Honig-Garnelen

- 20 Riesengarnelen
- → Saft von 1 Zitrone
- → Salz
- → Pfeffer aus der Mühle
- 100 g Mehl
- 1 Ei
- 1/2 Packung Backpulver
- 2 EL Sonnenblumenöl
- 3 EL Sesamsamen
- → Öl zum Fritieren
- 3 EL Honig

Die Garnelen waschen und schälen, dabei jeweils den Darm entfernen. In eine Schüssel geben und mit Zitronensaft, Salz und Pfeffer etwa 10 Minuten marinieren. Aus Mehl, Ei, Backpulver, etwa 200 ml Wasser, 1 Prise Salz und dem Sonnenblumenöl einen Teig herstellen. Diesen kurz ruhen lassen. Die Sesamsamen in einer beschichteten Pfanne ohne Fettzugabe hellbraun rösten. Öl in einer Friteuse auf 180 °C erhitzen. Die Garnelen mit Hilfe einer Gabel einzeln durch den Teig ziehen und etwa 3 Minuten im Öl ausbacken. Auf Küchenkrepp abtropfen lassen. Den Honig leicht erhitzen, in einen Suppenteller geben und die fritierten Garnelen kurz darin wenden. Zum Schluß mit den gerösteten Sesamsamen bestreuen. Sofort servieren.

Wie sagt man »lecker« auf chinesisch …?

Schwertfisch mit Guacamole

Backofen auf 150 °C vorheizen. Die Schwertfischsteaks kalt abspülen, sorgfältig trockentupfen und mit dem Saft von 1 Limone marinieren. Olivenöl in einer feuerfesten Pfanne erhitzen und die Schwertfischsteaks darin bei mittlerer Hitze von beiden Seiten anbraten. Den Fisch salzen, dann die Pfanne in den Ofen stellen und den Schwertfisch in etwa 10 Minuten fertig garen. Inzwischen die Avocado halbieren, den Stein entfernen, das Fruchtfleisch mit einem Eßlöffel von den Schalen lösen und in eine Schüssel geben. Mit dem restlichen Limonensaft beträufeln. Zwiebel und Knoblauch schälen, fein würfeln und dazugeben. Tomaten heiß überbrühen, kalt abschrecken, von den Stielansätzen befreien, enthäuten, entkernen und würfeln. Zur Avocado geben. Chilischote längs halbieren, die Samen entfernen und das Fruchtfleisch fein würfeln. Ebenfalls dazugeben. Die Avocadocreme (Guacamole) vorsichtig vermischen und mit Salz und Pfeffer abschmecken. Auf Tellern kleine Nester aus Rucola arrangieren. Die Steaks jeweils daraufsetzen und etwas Guacamole daneben plazieren. Mit schwarzem Pfeffer aus der Mühle bestreuen und mit Limonenvierteln garnieren.

Mit lockerem Trockenreis servieren und an den nächsten Urlaub denken.

- 4 Schwertfischsteaks à ca. 180 g
- → Saft von 2 Limonen
- 2 EL Olivenöl
- → Salz
- 1 reife Avocado
- 1 Zwiebel
- 1 Knoblauchzehe
- 2 reife Tomaten
- 1 rote Chilischote
- → Rucola zum Anrichten
- → Pfeffer aus der Mühle
- → Limonenviertel zum Garnieren

52

Pochierte Seezunge in Chardonnaysauce

Die Schalotte schälen und fein hacken. Backofen auf 180 °C vorheizen. Die Seezungenfilets halbieren, mit Zitronensaft beträufeln und salzen. In eine flache Kasserolle legen und mit der feingehackten Schalotte bestreuen. Den Weißwein und 200 ml Wasser dazugeben. Das Ganze erhitzen, aufkochen und bei kleiner Hitze 5 Minuten ziehen lassen. In der Zwischenzeit jeweils eine Schicht des Blätterteiges mit leicht verquirltem Eigelb bestreichen. Jede Schicht zu einem 10 cm großen Viereck schneiden. Den Teig auf ein befeuchtetes Blech legen und im Ofen etwa 10 Minuten backen. Die Butter in einer Kasserolle schaumig werden lassen, das Mehl unter Rühren mit einer Holzkelle dazugeben. Nun den Fischfond von den pochierten Seezungen dazugießen und die Sauce unter Rühren mit einem Schneebesen aufkochen lassen. 5 Minuten bei mittlerer Hitze köcheln lassen. Die Sahne dazugeben und mit Salz, Pfeffer, Worcestershiresauce und Zitronensaft abschmecken. Die Blätterteigvierecke halbieren, die Unterseiten auf die Teller geben, jeweils 1 Fischfilet daraufsetzen, mit Sauce übergießen und den Deckel daraufsetzen. Mit Schnittlauchröllchen bestreuen und zusammen mit Reis servieren.

Hört sich vielleicht kompliziert an, ist aber wirklich einfach, und schmeckt besonders köstlich!

1 Schalotte
800 g Seezungenfilets
→ Saft von 1 Zitrone
→ Salz
300 ml Chardonnay (Weißwein)
200 g Blätterteig (Fertigprodukt)
1 Eigelb
50 g Butter
2 EL Mehl
200 g Sahne
→ Pfeffer aus der Mühle
→ Worcestershiresauce
→ etwas Zitronensaft
4 EL Schnittlauchröllchen
→ Reis zum Servieren

54

Thunfischsteaks auf Fenchelsalat

Den Backofen auf 150 °C vorheizen. Die Thunfischsteaks waschen, trockentupfen und mit dem Saft von 1 Limone beträufeln. Leicht salzen. Im heißen Sonnenblumenöl beidseitig anbraten, dann für 8 bis 10 Minuten in den Ofen schieben. In der Zwischenzeit den Fenchel waschen, die grünen Blätter entfernen, und den Fenchel mit einer Gemüseraspel in sehr feine Scheiben schneiden. Auf eine ovale Servierplatte geben, jede Schicht salzen und mit wenig Olivenöl beträufeln. Die Champignons putzen und ebenfalls in sehr feine Scheiben schneiden. Auf dem Fenchel verteilen, salzen und den restlichen Limonensaft darüberträufeln. Mit einem Sparschäler Stücke vom Parmesan abhobeln und auf dem Salat verteilen. Die heißen Thunfischsteaks darauf anrichten und alles mit grob gehackter Petersilie bestreuen.

Ungewöhnlich, unspektakulär, aber unglaublich lecker ...!

4 Thunfischsteaks à ca. 180 g
→ Saft von 2 Limonen
→ Salz
3 EL Sonnenblumenöl
1 Fenchelknolle
4 EL Olivenöl
100 g Champignons
50 g Parmesan am Stück
→ grob gehackte Petersilie

Pfannkuchenröllchen mit Lachs

1 Avocado
→ Saft von 1 Zitrone
200 g Magerquark
1 EL Dijonsenf
1 EL Honig
1 Schalotte
1 Bund Dill
4 EL Mehl
2 Eier
100 ml Milch
→ Salz
3 EL Sonnenblumenöl
300 g Räucherlachs, in dünnen Scheiben

Backofen auf 100 °C vorheizen. Die Avocado schälen, halbieren und entsteinen. Das Fruchtfleisch zusammen mit Zitronensaft, Quark, Senf und Honig im Mixer fein pürieren. Die Schalotte schälen, fein hacken, 2 Dillzweige zupfen, grob hacken und beides unter die Avocadomasse mischen. Aus Mehl, Eiern, Milch und 1 Prise Salz einen Pfannkuchenteig herstellen. Etwas Öl erhitzen und aus etwa 1 Schöpflöffel Teig einen Pfannkuchen ausbacken. Vorgang wiederholen, bis Öl und Teig aufgebraucht sind. Die Pfannkuchen im Ofen warm stellen. Dann jeweils mit der Avocadomasse bestreichen, Lachsscheiben darauf verteilen und das Ganze einrollen. Die Rollen in jeweils 6 Stücke schneiden und mit etwas Dill dekorieren. Rasch servieren.

Auf einem frisch angemachten Feldsalat mit einigen Kirschtomaten machen sich diese Lachsrollen besonders gut!

56

Thunfischburger mit Sauerkraut

- 400 g **Thunfisch im eigenen Saft**
- 1 **Zwiebel**
- 4 EL **Haferflocken**
- 2 **Eier**
- → **Saft von 1 Zitrone**
- → **Salz**
- → **Pfeffer aus der Mühle**
- 1 EL **Olivenöl**
- 8 **Toastbrotscheiben**
- 300 g **gekochtes Sauerkraut**
- 100 g **Gouda, in Scheiben**

Den Thunfisch abtropfen lassen und in einer Schüssel mit einer Gabel zerpflücken. Die Zwiebel schälen, fein hacken und zufügen. Haferflocken, Eier und Zitronensaft dazugeben, das Ganze mit Salz und Pfeffer abschmecken und gut vermischen. Olivenöl in einer Bratpfanne erhitzen, aus der Masse Bällchen formen, leicht flachdrücken und im Öl braten. Auf Küchenkrepp abtropfen lassen, auf die Toastscheiben legen und mit Sauerkraut und Käse belegen. Unter dem Grill kurz überbacken, bis der Käse zerlaufen ist.
Als leichter Lunch oder als leckere Vorspeise geeignet. Zusammen mit einem Maissalat serviert schmeckt es richtig amerikanisch!

Spicy Seafood

- 2 **Knoblauchzehen**
- 3 **Frühlingszwiebeln**
- 1 **rote Chilischote**
- 2 **reife Tomaten**
- 300 g **Miesmuscheln**
- 16 **Garnelen in der Schale**
- 2 EL **Sesamöl**
- 1 EL **frisch geriebener Ingwer**
- 2 EL **Tomatenmark**
- 2 EL **chinesische Fischsauce**
- → **Salz**
- → **Pfeffer aus der Mühle**
- 1 EL **grobgehackter Koriander**

Den Knoblauch schälen und in dünne Scheiben schneiden. Frühlingszwiebeln putzen, waschen und in feine Ringe schneiden. Chilischote längs halbieren, die Samen entfernen und das Fruchtfleisch fein würfeln. Tomaten heiß überbrühen, kalt abschrecken, von den Stielansätzen befreien, enthäuten, entkernen und würfeln. Die Muscheln unter fließendem Wasser waschen und von Bärten befreien. Bereits geöffnete Muscheln aussortieren und wegwerfen. Die Garnelen schälen und die Därme entfernen. Das Sesamöl in einer gußeisernen Pfanne erhitzen und den Knoblauch sowie die Frühlingszwiebeln darin hellbraun anbraten. Ingwer und Chilischote zufügen und kurz mitbraten. Garnelen und Muscheln dazugeben, braten, bis die Garnelen rosa sind. Tomatenmark und Fischsauce einrühren und die Pfanne gut schwenken. Zum Schluß die Tomatenwürfel unterheben und alles mit Salz und Pfeffer abschmecken. Den Koriander darüberstreuen und zusammen mit Safranreis servieren.
Trinken Sie dazu einen Jasmintee und freuen Sie sich, daß Sie so gut kochen können!

Ananas *Eine sehr vielseitige tropische Frucht. Achten Sie beim Kauf einer frischen Ananas auf den typischen süßlichen Duft, die Blätter sollten frisch und fest sein. Ursprünglich kommt die Ananas comosus, wie die bei uns verbreitete Kulturananas botanisch heißt, aus Südamerika. Fast ein Viertel der Gesamtproduktion kommt aus Hawaii. Ananas eignen sich hervorragend für Kombinationen mit Curry und mit Schweinefleisch, Geflügel und Fisch. Ein erfrischender Ananas-Bananen-Shake für heiße Tage: Banane und Ananas mit fettarmer Milch, Limonensaft, viel zerstoßenem Eis und etwas Honig im Mixer pürieren, die Gläser mit einer Scheibe Ananas dekorieren, mit farbigen Strohhalmen servieren – und schon schmeckt es wie im Urlaub.*

Seelachs Aloha!

Backofen auf 190 °C vorheizen. Die Ananas halbieren und das Fruchtfleisch mit einem Eßlöffel herauskratzen. Die Hälfte des Fruchtfleischs in kleine Würfel schneiden, den Rest im Mixer fein pürieren. Die Ananashälften aufbewahren. Die Zwiebel schälen und fein hacken, die Chilischote halbieren, entkernen und fein schneiden. Den Seelachs in Streifen schneiden und mit Salz, Pfeffer, Curry und Zitronensaft marinieren. Im Olivenöl kurz anbraten, herausnehmen und zur Seite stellen. Nun die Zwiebel und die Chilischote im Öl kurz andünsten. Die Ananaswürfel dazugeben und mit Weißwein ablöschen. Kurz einkochen lassen und die pürierte Ananas sowie die Sahne dazugeben. Die Speisestärke mit etwas Wasser anrühren und unterziehen. Die Sauce mit Worcestershiresauce abschmecken. Den Seelachs wieder zufügen, kurz umrühren und dann die Masse in die Ananashälften füllen. Mit Käse bestreuen und im Ofen 8 bis 12 Minuten gratinieren. Zusammen mit Basmatireis servieren.
Ein Hauch von Südsee weht durch Ihr Eßzimmer!

- **1 vollreife Ananas**
- **1 Zwiebel**
- **1 Chilischote**
- **400 g Seelachsfilet**
- **→ Salz**
- **→ Pfeffer aus der Mühle**
- **1 TL Currypulver**
- **→ Saft von 1 Zitrone**
- **1 EL Olivenöl**
- **200 ml trockener Weißwein**
- **200 g Sahne**
- **1 TL Speisestärke**
- **1 TL Worcestershiresauce**
- **100 g geriebener Gruyère**
- **→ Basmatireis zum Servieren**

58

Hausgemachter marinierter Lachs

Das Lachsfilet sorgfältig auf Gräten untersuchen und diese mit einer Pinzette entfernen. Mit einem elastischen dünnen Messer am dicken Ende des Fisches mit dem Portionieren beginnen. Das Filet in dünne Scheiben schneiden und diese nebeneinander auf ein mit Backpapier ausgelegtes Blech legen. Den Zucker mit 1 Teelöffel Salz vermengen und die Lachsscheiben damit würzen. Etwas Dill und einige Tropfen Cognac auf die Scheiben geben, den Lachs vorsichtig wenden und den Vorgang wiederholen. Das Ganze mit Frischhaltefolie abdecken und für mindestens 24 Stunden im Kühlschrank marinieren lassen. Die Butter schaumig rühren, den Senf, den Meerrettich, Salz sowie frisch gemahlenen Pfeffer dazugeben. Die Masse auf die Roggenbrotscheiben streichen. Die Lachsscheiben darauf arrangieren und alles mit Dill dekorieren.
Hausgemacht schmeckt einfach besser!

800 g rohes Lachsfilet
1 EL Zucker
→ Salz
1 Bund Dill
2 EL Cognac
100 g weiche Butter
2 EL Dijonsenf
1 TL frisch geriebener Meerrettich
→ Pfeffer aus der Mühle
300 g Roggenbrot, in dünnen Scheiben
→ Dillzweige zum Garnieren

Fleischgerichte

Geflügel, Lamm, Rind oder lieber Schwein? Hier sind einige schnelle, köstliche und trotzdem einfache Fleischgerichte. Sie haben die Wahl zwischen Klassikern wie Chicken Wings und einem rassigen Curry. Für besondere Anlässe empfiehlt sich ein Steak auf Brombeersauce.

Fleischgerichte

BBQ Chicken Wings »Jesse«

Backofen auf 190 °C vorheizen. Die Hähnchenflügel waschen, trockentupfen, auf ein mit Backpapier ausgelegtes Backblech legen, leicht salzen und etwa 20 Minuten im Ofen braten. Aus Ketchup, Essig, Limonensaft, Knoblauchzehen, Zucker und Honig eine Barbecuesauce herstellen. Mit Paprikapulver, Salz, Pfeffer, Cayennepfeffer und Tabasco abschmecken. Die Hähnchenflügel mit Hilfe eines Pinsels mit einem Drittel der Sauce bestreichen, dabei die Backofenhitze auf 150 °C zurückstellen. Die Flügel weiterbraten, dabei noch mehrmals mit Sauce bestreichen, sobald sie eingedickt und glasiert ist. Lecker, klecker! Wenn Sie die Wings auf einem Grill zubereiten, löschen Sie die Kohle mit Bier oder einem Schuß Essig.
This is real American!

20 Hähnchenflügel
→ Salz
4 EL Tomatenketchup
2 EL Essig
→ Saft von 2 Limonen
2 durchgepreßte Knoblauchzehen
1 EL brauner Zucker
2 EL Honig
1 TL edelsüßes Paprikapulver
→ Pfeffer aus der Mühle
1/2 TL Cayennepfeffer
→ Tabasco nach Geschmack

62

Hähnchenbrust mit Erdnuß-Honig-Sauce

Backofen auf 180 °C vorheizen. Zwiebel und Knoblauch schälen, Zwiebel fein hacken, Knoblauch durchpressen. Die Hähnchenbrustfilets mit Salz, Pfeffer sowie Ingwer würzen und im heißen Sonnenblumenöl auf jeder Seite etwa 3 Minuten anbraten. Dann auf ein mit Alufolie ausgelegtes Blech legen und im Ofen in etwa 10 Minuten zu Ende garen. Inzwischen das Fett aus der Pfanne abgießen, die Erdnüsse darin bei mittlerer Hitze rösten, bis sie eine leicht bräunliche Farbe haben. Die Zwiebel und den Knoblauch dazugeben und kurz mitdünsten. Mit Weißwein ablöschen, die Hühnerbrühe angießen, das Ganze kurz einkochen lassen. Die Sahne und den Honig einrühren und mit Sojasauce, Salz, Pfeffer, Tabasco sowie Zitronensaft abschmecken. Das Fleisch aus dem Ofen nehmen, in dünne Scheiben schneiden und fächerartig auf der Sauce anrichten. *Dazu passen bestens ein Wildreis und ein buntes Gemüse.*

1 Zwiebel
1 Knoblauchzehe
600 g Hähnchenbrustfilets
→ Salz
→ Pfeffer aus der Mühle
1 TL Ingwerpulver
2 EL Sonnenblumenöl
100 g geschälte, ungesalzene Erdnüsse
200 ml Weißwein
300 ml Hühnerbrühe
200 g Sahne
4 EL Honig
1 TL Sojasauce
→ Pfeffer aus der Mühle
→ etwas Tabasco
→ Saft von 1/2 Zitrone

Chili *Scharf sind sie alle. Eine ungleichmäßig gewachsene Chilischote ist schärfer als eine gerade, weil die Samen, die die meiste Schärfe enthalten, das Fruchtfleisch berühren. Damit ein Gericht nicht zu scharf wird, sollten Sie frisch geschnittene Chili wie Salz und Pfeffer verwenden und nach Ihrem Geschmack dazugeben. Waschen Sie sich nach dem Verarbeiten von Chilis und Peperoni immer die Hände, oder reiben Sie die Hände vorher mit etwas Öl ein.*

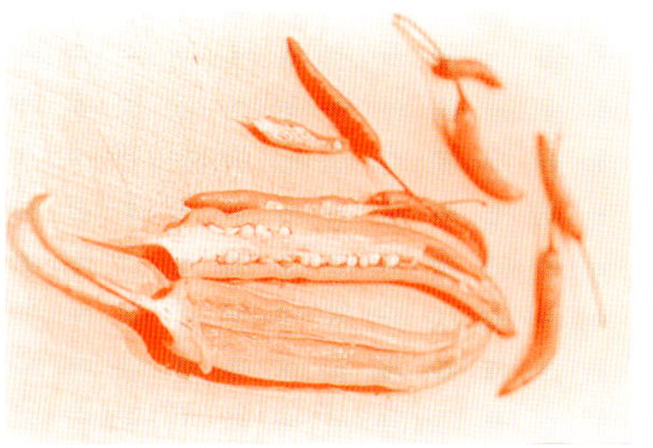

Chicken Curry »Carola«

Die Chilischote halbieren, eine Hälfte fein hacken, die restliche ganz belassen. Das Fleisch in 2 cm große Würfel schneiden. Limonensaft, 2 Eßlöffel Currypulver, 3 Eßlöffel Olivenöl, 1 Teelöffel schwarzen Pfeffer und die Hälfte des Korianders in einer Schüssel vermischen. Halbe Chilischote und Fleischwürfel hinzufügen, das Ganze vermengen und etwa 15 Minuten marinieren lassen. Die Zwiebeln schälen und fein hacken. Restliches Olivenöl in einer Pfanne erhitzen und das Fleisch darin scharf anbraten, herausnehmen und warm stellen. Die Zwiebeln und die Chiliwürfel in der Pfanne andünsten, mit Mehl und restlichem Currypulver bestäuben. Mit Weißwein ablöschen. Mit Kokosmilch und Hühnerbrühe auffüllen und 5 Minuten einkochen lassen. Mit Sojasauce, Salz, Pfeffer und eventuell Zitronensaft abschmecken. Fleischwürfel in die Sauce geben und darin erhitzen. Zum Schluß den restlichen Koriander unter das Curry mischen.

Zusammen mit frisch gekochtem Basmatireis ein Traum!

1 rote Chilischote
600 g Hähnchenbrustfilets
→ Saft von 1 Limone
4 EL Madras Currypulver
4 EL Olivenöl
→ Pfeffer aus der Mühle
3 EL grobgehackter Koriander
2 Zwiebeln
2 EL Mehl
200 ml trockener Weißwein
200 ml Kokosmilch
200 ml Hühnerbrühe
2 EL Sojasauce
→ Salz
→ evtl. Zitronensaft

64

Hähnchenfilets in Limonenmarinade auf Rucolanest

- **8 Hähnchenfilets à ca. 80 g**
- **3 durchgepreßte Knoblauchzehen**
- **→ Saft von 2 Limonen**
- **1 feingehackte Chilischote**
- **4 EL Olivenöl**
- **→ Salz**
- **150 g Rucola (Rauke)**
- **→ etwas Balsamicoessig**
- **→ Pfeffer aus der Mühle**
- **→ Schnittlauchröllchen**
- **→ Limonenviertel**

Die Filets in eine Schüssel geben. Die Knoblauchzehen, den Limonensaft, die Chilischote und das Olivenöl dazugeben. Das Ganze vermengen und 20 Minuten marinieren lassen. Rucola putzen, waschen und trockenschleudern. Eine Grillpfanne (Pfanne mit gewelltem Boden, ersatzweise normale Pfanne) vorheizen und die Filets darin auf jeder Seite etwa 3 Minuten bei mittlerer Hitze anbraten, dabei mit der Marinade bepinseln und salzen. Den Rucola auf Tellern zu Nestern anrichten, mit etwas Balsamico beträufeln und mit schwarzem Pfeffer bestreuen. Die Hähnchenfilets darauf geben, mit Schnittlauchröllchen bestreuen und zum Schluß mit Limonenvierteln garnieren.
Zusammen mit frischem Stangenweißbrot ein Gedicht!

Kalbsfilet vom Grill mit rotem Pesto

- **2 Knoblauchzehen**
- **12 Blätter rotes Basilikum**
- **→ Saft von 1 Limone**
- **1 Prise getrocknete Chilischoten**
- **4 EL frisch geriebener Parmesan**
- **6 EL Olivenöl**
- **→ Salz**
- **→ Pfeffer aus der Mühle**
- **700 g Kalbsfilet**
- **1 EL Erdnußöl**

Knoblauch schälen und zusammen mit Basilikumblättern, Limonensaft, Chili, Parmesan und Olivenöl im Mixer fein pürieren. Das Püree mit Salz und Pfeffer abschmecken. Das Filet in Medaillons von etwa 90 g schneiden, diese mit Salz und weißem Pfeffer aus der Mühle würzen. Eine Grillpfanne (Pfanne mit gewelltem Boden, ersatzweise normale Bratpfanne) erhitzen, Erdnußöl hineingeben und die Medaillons darin auf jeder Seite 4 Minuten bei mittlerer Hitze grillen. Je 2 Medaillons auf einen Teller geben und mit dem Pesto überziehen.
Dazu paßt, auch farblich, ein leichter Avocado-Tomaten-Mozzarella-Salat, der mit Olivenöl und Limonensaft mariniert wird.

Rinderfilets in Cabernet-Sauvignon-Sauce

Die Rinderfilets leicht flachdrücken, mit Salz und Pfeffer würzen. Das Erdnußöl in einer Pfanne stark erhitzen und die Filets darin pro Seite etwa 2 Minuten anbraten. Das Fleisch herausnehmen und beiseite stellen. Die feingehackte Schalotte in die Pfanne geben, leicht bräunen lassen und mit dem Rotwein ablöschen, mit dem Rinderfond auffüllen und die Flüssigkeit eindicken lassen. Bei kleiner Hitze die Butter flockenweise in die Sauce rühren. Die Butter dient hier als Geschmackgeber und zum Binden. Die Rosinen und die Petersilie dazugeben und die Sauce mit Salz und Pfeffer abschmecken. Die Rinderfilets mitsamt dem Fleischsaft in die Sauce geben, alles kurz aufkochen lassen, dann wenden und servieren.

Dazu paßt bestens ein Kartoffel-Ananas-Gratin!
Rezept steht auf Seite 78.

4 Rinderfilets à ca. 180 g
→ Salz
→ Pfeffer aus der Mühle
1 EL Erdnußöl
1 feingehackte Schalotte
400 ml Cabernet Sauvignon
200 ml Rinderfond
60 g Butter
2 EL Rosinen
2 EL feingehackte Petersilie

68

Mediterrane Rinderschiffchen

Backofen auf 180 °C vorheizen. Die Nudeln in sprudelndem Salzwasser bißfest (al dente) kochen. Inzwischen die Oliven entkernen und in dünne Scheiben schneiden. Knoblauch schälen und durchpressen. Die Auberginen putzen, waschen, längs halbieren und das Fruchtfleisch mit einem Löffel leicht auskratzen, so daß eine Vertiefung entsteht. Diese leicht mit Olivenöl beträufeln und salzen. Auberginen im Ofen 10 bis 15 Minuten garen. Das Rinderfilet schnetzeln, im restlichen Olivenöl schnell anbraten, mit Salz und Pfeffer würzen, herausnehmen und beiseite stellen. Nun in der Pfanne das Auberginenfleisch und den Knoblauch andünsten, die Oliven sowie die Basilikumblätter beigeben. Weißwein und Sahne angießen und kurz einkochen lassen. Die Stärke mit etwas Wasser anrühren und dazugeben. Die abgetropfte Pasta und das Fleisch ebenfalls daruntermischen. Diese Mischung in die vorgegarten Auberginenhälfen füllen. Alles mit Parmesan bestreuen, im Ofen bei Oberhitze etwa 5 Minuten gratinieren.

Herrlich mediterran, zusammen mit einem knackigen Salat schmecken die Schiffchen besonders lecker!

150 g Farfalle (Schmetterlingsnudeln)
→ Salz
10 schwarze Oliven
3 Knoblauchzehen
2 Auberginen
4 EL Olivenöl
600 g Rinderfilet
→ Pfeffer aus der Mühle
3 EL grobgehackte Basilikumblätter
200 ml trockener Weißwein
200 g Sahne
1 TL Speisestärke
50 g frisch geriebener Parmesan

Lammkoteletts im Senf-Minze-Mantel

3 Knoblauchzehen
10 Pfefferminzblätttter
2 EL Dijonsenf
3 EL Olivenöl
12 Lammkoteletts
→ Salz

Die Knoblauchzehen schälen und in ein Schälchen pressen. Die Minze fein hacken und zusammen mit dem Senf und dem Olivenöl hinzufügen. Das Ganze gut verrühren. Die Lammkoteletts rundherum mit der Mischung bestreichen und dann 15 Minuten marinieren lassen. Eine gußeiserne Bratpfanne erhitzen und die Koteletts darin auf jeder Seite etwa 2 Minuten bei mittlerer Hitze anbraten. Dann erneut mit Marinade bepinseln, kurz weiterbraten und zum Schluß leicht salzen.

Auf einer Polenta serviert, bestreut mit gehobeltem Parmesan und einem Zweig frischer Minze schmeckt es noch besser!

Lammrollen mit Auberginen und Feta

Aubergine waschen, putzen und in Würfel schneiden. Knoblauch schälen und durchpressen. Die Lammfilets mit dem Knoblauch einreiben und salzen. Zwiebel schälen und grob würfeln. 1 Eßlöffel Öl in einer Pfanne erhitzen und die Lammfilets darin auf jeder Seite etwa 1 Minute anbraten. Herausnehmen und beiseite stellen. 1 Eßlöffel Öl in die Pfanne geben und die Zwiebel darin goldgelb dünsten, dann die Aubergine beigeben und etwa 10 Minuten bei mittlerer Hitze mitdünsten. In der Zwischenzeit die Paprikaschote waschen, putzen, entkernen und fein würfeln. Aus Mehl, Eiern, Milch und 1 Prise Salz einen Pfannkuchenteig herstellen. In einer flachen Pfanne etwas Öl erhitzen und wenig von der Masse hineingeben, die Pfanne schwenken, damit die Masse gleichmäßig verläuft. Auf beiden Seiten goldgelb backen und zur Seite stellen. Vorgang wiederholen, bis Öl und Teig aufgebraucht sind. Backofen auf 220 °C vorheizen. Aubergine, Zwiebel und Schafskäse in einen Mixer geben und fein pürieren. Die Basilikumblätter in feine Streifen schneiden und zusammen mit der Paprikaschote mit der Masse vermischen. Mit Salz und Pfeffer würzen. Jeweils 2 Eßlöffel der Masse auf einen Pfannkuchen streichen und 1 Lammfilet daraufgeben. Die Pfannkuchen aufrollen, in eine feuerfeste Form legen, mit Käse bestreuen und etwa 10 Minuten im Ofen überbacken. Dann in Scheiben schneiden und anrichten.
Schmeckt auf einem Spinatsalat besonders lecker!

1 Aubergine
1 Knoblauchzehe
600 g Lammfilets
→ Salz
1 Zwiebel
4 EL Sonnenblumenöl
1 rote Paprikaschote
3 EL Mehl
2 Eier
100 ml Milch
150 g Feta (Schafskäse)
8 frische Basilikumblätter
→ Pfeffer aus der Mühle
50 g frisch geriebener Gruyère

Schweinefilet in Honig-Brombeer-Sauce

Das Schweinefilet in etwa 2 cm dicke Medaillons schneiden. Mit Salz, Pfeffer und Ingwerpulver würzen. Im Sonnenblumenöl auf jeder Seite 2 Minuten bei mittlerer Hitze anbraten. Aus der Pfanne nehmen und warm stellen. Restliches Öl abgießen und den Bratensatz mit Weißweinessig ablöschen. Den Honig und die Fleischbrühe dazugeben und 5 Minuten leicht einkochen lassen. 4 Brombeeren zur Seite legen, die restlichen in die Sauce geben. Diese kurz aufkochen lassen und dann pürieren.
3 Eßlöffel Crème fraîche unterziehen, die Sauce mit Salz und Pfeffer abschmecken und erneut erhitzen. Die gebratenen Medaillons kurz in der Sauce erwärmen, dann anrichten und mit Sauce überziehen. Jeweils einen Klecks Crème fraîche darauf geben, die Filets mit 1 Brombeere und 1 Zitronenmelissezweig garnieren.
Als Kontrast zur violetten Sauce bietet sich ein schneeweißer Basmatireis an.

600 g Schweinefilet
→ Salz
→ Pfeffer aus der Mühle
1 Prise Ingwerpulver
2 EL Sonnenblumenöl
1 EL Weißweinessig
4 EL Honig
200 ml Fleischbrühe
100 g frische Brombeeren
5 EL Crème fraîche
4 Zweige Zitronenmelisse
→ Basmatireis zum Servieren

Schweinegeschnetzeltes »Popeye«

250 g Blattspinat
2 Schalotten
1 Knoblauchzehe
50 g Pinienkerne
2 EL Olivenöl
600 g Schweinefleisch aus der Unterschale, geschnetzelt
→ Salz
→ Pfeffer aus der Mühle
1 TL edelsüßes Paprikapulver
2 EL Balsamicoessig

Blattspinat putzen, waschen, trockenschleudern und in breite Streifen schneiden. Schalotten und Knoblauch schälen, Schalotten in Streifen schneiden, Knoblauch fein hacken. Die Pinienkerne in einer Pfanne ohne Fettzugabe hellbraun rösten. 1 Eßlöffel Olivenöl in einer Pfanne erhitzen. Das Schweinefleisch mit Salz, Pfeffer sowie Paprikapulver würzen, rasch im Öl anbraten, dann herausnehmen und warm stellen. Restliches Olivenöl erhitzen, Schalotten und Knoblauch darin leicht anbraten. Spinat hinzufügen und kurz mitdünsten. Mit Balsamico ablöschen, mit Salz und Pfeffer würzen und zugedeckt 3 Minuten ziehen lassen. Das Schweinefleisch und die gerösteten Pinienkerne daruntermischen, kurz erhitzen und alles servieren.
Popeye würde seine helle Freude haben, ich hoffe, Sie auch!

Balsamicoessig *Nur die Trauben der Trebbiano Rebe werden für echten »Aceto Balsamico di Modena« verwendet. Der fermentierte Saft wird in Holzfässern bis zu 50 Jahre gelagert. Natürlich ist dieser Essig sehr teuer und wird auch nur in kleinen Flaschen verkauft. Doch sein rundes Aroma, das vielen Gerichten eine ganz besondere Note verleiht, ist den Preis wert. Balsamicoessig und bestes Olivenöl sind ideale Grundlagen für hervorragende Salatsaucen: Je nach Gusto geben Sie etwas körnigen Senf, frisch gehackte Kräuter, gepreßten Knoblauch oder zum Verfeinern wenig Crème fraîche dazu, und schon schmeckt das Dressing neu und anders. Wenn Sie keinen Alkohol mögen, dann verwenden Sie zum Ablöschen Balsamico, jedoch sollten Sie die Menge verringern. Ist der Essigton zu intensiv, so wird die Sauce durch die Zugabe von etwas Honig milder.*

Schweinerückensteaks in Aprikosen-Balsamico-Sauce

4	**Schweinerückensteaks à ca. 180 g**
→	**Salz**
→	**Pfeffer aus der Mühle**
1 TL	**edelsüßes Paprikapulver**
1 EL	**Sonnenblumenöl**
200 g	**getrocknete Aprikosen**
1 EL	**Butter**
2 EL	**Zucker**
3 EL	**Balsamicoessig**
200 ml	**Gemüsebrühe**
2 EL	**Crème fraîche**
3 EL	**grobgehackte Petersilie**

Backofen auf 160 °C vorheizen. Die Steaks mit Salz, Pfeffer sowie Paprikapulver würzen und im Sonnenblumenöl auf jeder Seite etwa 3 Minuten anbraten. Aus der Pfanne nehmen, in eine feuerfeste Form legen, mit Alufolie abdecken und im Ofen in etwa 10 Minuten zu Ende garen. Inzwischen die Aprikosen vierteln, in Butter anbraten, den Zucker dazugeben und leicht karamelisieren lassen. Mit Balsamico ablöschen und mit Gemüsebrühe aufgießen. Die Sauce leicht einreduzieren lassen und mit Salz und Pfeffer abschmecken. Zum Schluß die Crème fraîche unterziehen. Die Steaks auf vorgewärmten Tellern anrichten, jeweils mit Sauce überziehen und mit Petersilie bestreuen.

Zusammen mit einem lockeren Kartoffelpüree (Rezept steht auf Seite 76) serviert ein Genuß!

Flammkuchen mit Speck

20 g frische Hefe (½ Würfel)
100 ml lauwarme Milch
200 g Mehl
100 ml lauwarmes Wasser
→ Salz
200 g Zwiebeln
200 g geräucherter Speck
150 g Schmand
150 g Crème fraîche
→ Pfeffer aus der Mühle
2 EL feingehackte Petersilie
100 g geraspelter Gouda

Die Hefe in die lauwarme Milch bröckeln und darin auflösen. Mehl in eine Schüssel sieben, in die Mitte eine Mulde drücken. Lauwarmes Wasser, 1 gute Prise Salz und die Hefemilch hineingeben. Das Ganze mit beiden Händen zu einem glatten Teig verarbeiten, diesen kräftig durchkneten. Bei etwa 50 °C mindestens 30 Minuten ruhen lassen, danach erneut kräftig durchkneten. Den Teig vierteln, dünn ausrollen und auf ein mit Backpapier ausgelegtes Blech legen. Backofen auf 250 °C vorheizen. Die Zwiebeln schälen, halbieren und in dünne Streifen schneiden. Den Speck würfeln, dann in einer Pfanne ausbraten, dabei die Zwiebeln 5 Minuten bei mittlerer Hitze mitbraten. Den Schmand und die Crème fraîche verrühren. Mit Salz, Pfeffer und Petersilie würzen. Dünn auf dem ausgerollten Teig verstreichen. Zwiebeln und Speck darauf verteilen. Zum Schluß den Käse darüberstreuen und den Flammkuchen im Ofen etwa 8 Minuten backen.
Ergibt zusammen mit einem knackigen Salat eine leichte Mahlzeit. Man kann den Flammkuchen aber auch in Stücke schneiden und als ideale Ergänzung zum Aperitif reichen.

Beilagen

Hört sich bescheiden an, nur Beilage zu sein. Aber die hier haben es in sich. Damit Sie alles miteinander auf den Teller kriegen, empfehle ich möglichst viel »Mise en place« zu machen. Will heißen, bereiten Sie soviel wie möglich vor, schneiden Sie die Kartoffeln, kochen Sie wenn möglich vor, damit Sie sich auf das Wichtigste konzentrieren können. Und dabei nicht vergessen: Kochen ist Liebe.

Beilagen

Curry Potato Wedges

800 g neue Kartoffeln
→ Salz
2 EL Erdnußöl
3 TL Madras Currypulver
2 EL feingehackter Koriander
→ Pfeffer aus der Mühle
200 g Naturjoghurt
1 EL Schnittlauchröllchen
1 feingehackte Frühlingszwiebel
2 durchgepreßte Knoblauchzehen

Die Kartoffeln waschen, mitsamt der Schale in Spalten schneiden und in leicht gesalzenem Wasser etwa 12 Minuten kochen. Dann abgießen. Das Erdnußöl in einer Bratpfanne erhitzen, das Currypulver und dann die Kartoffelspalten dazugeben. Unter Rühren 5 Minuten goldgelb braten. Den Koriander zufügen und die Kartoffeln mit Salz und Pfeffer würzen. Den Joghurt mit Schnittlauch, Frühlingszwiebel und Knoblauch vermengen, leicht salzen und als Dip zu den heißen Kartoffeln servieren.
Easy and delicious – einfach und lecker!

Neue Kartoffeln mit Rosmarin und Mandeln

800 g neue Kartoffeln
→ Salz
50 g Mandelblättchen
2 EL Olivenöl
2 feingehackte Knoblauchzehen
1 EL grobgehackter Rosmarin
4 EL Butter
→ Pfeffer aus der Mühle

Die Kartoffeln vierteln, in Salzwasser bißfest garen und dann abgießen. Die Mandelblättchen in einer flachen Bratpfanne ohne Fettzugabe bei kleiner Hitze goldbraun rösten. In einer zweiten Pfanne das Olivenöl erhitzen, die Knoblauchzehen schnell andünsten, die Kartoffeln dazugeben und bei mittlerer Hitze in etwa 5 Minuten goldgelb braten. Den Rosmarin, die Mandelblättchen und die Butter dazugeben. Die Pfanne schwenken, alles mit Pfeffer aus der Mühle würzen und sofort servieren.
Guten Appetit!

76

Kartoffelpüree »Milly«

Die Kartoffeln schälen, vierteln und in leicht gesalzenem Wasser etwa 20 Minuten kochen. Das Wasser abschütten und die Kartoffeln auf ein Backblech geben. Im auf 200 C° vorgeheizten Ofen 10 Minuten trocknen. Nun die Kartoffeln durch ein Sieb in eine Pfanne pressen. Die Milch und die Butter erhitzen und nach und nach unter die pürierten Kartoffeln rühren, das Püree sollte luftig sein. Mit Muskat, Salz und frisch gemahlenem Pfeffer abschmecken. Kurz vor dem Servieren die Sahne und den geraspelten Käse unterheben. Zum Schluß das Püree mit Schnittlauch bestreuen und stolz servieren.

800 g	**Kartoffeln**
→	**Salz**
300 ml	**Milch**
100 g	**Butter**
1 Prise	**frisch geriebene Muskatnuß**
→	**Pfeffer aus der Mühle**
100 g	**Sahne**
100 g	**frisch geraspelter Gruyère**
2 EL	**Schnittlauchröllchen**

Crème fraîche *Sahne und Crème fraîche sind in der europäischen Küche zu Hause und werden vor allem zum Verfeinern und Binden benutzt. Leider sind sie auch sehr fett. Schlagsahne hat 32 % und Crème fraîche sogar mindestens 35 % Fett. Ich verwende Crème fraîche und Sahne sehr sparsam, aber manchmal setzt ein Klecks Crème fraîche einem Gericht im wahrsten Sinne des Wortes »das Sahnehäubchen« auf. Die Sahne können Sie eigentlich in jedem Rezept weglassen, eine gute Alternative ist Joghurt, vermischt mit einem Eigelb. Doch darf das Gericht nicht mehr kochen, ansonsten gerinnt die Sauce.*

Kartoffel-Gemüse-Gnocchi

- 1 kg **mehligkochende Kartoffeln**
- → **Salz**
- 1 **Knoblauchzehe**
- 1 **Gemüsezwiebel**
- 2 **Möhren**
- 200 g **Sellerie**
- 2 EL **Olivenöl**
- 200 ml **Gemüsebrühe**
- 50 g **Butter**
- 250 g **Mehl**
- 2 **verquirlte Eier**
- → **feingehackte Petersilie zum Garnieren**

Die Kartoffeln schälen, achteln, in Salzwasser in 20 Minuten gar kochen, abtropfen lassen und zerdrücken. Knoblauch und Zwiebel schälen, Möhren und Sellerie putzen und alles in feine Würfel schneiden. Olivenöl in einer Kasserolle erhitzen, Knoblauch und Zwiebel darin andünsten, restliches Gemüse dazugeben, mit Gemüsebrühe ablöschen und das Ganze in 5 Minuten bei mittlerer Hitze knackig garen. Zur Kartoffelmasse 3 Eßlöffel Butter, das Mehl und die leicht verquirlten Eier geben. Das angedünstete Gemüse abtropfen und dazugeben. Den etwas abgekühlten Teig zu einer Rolle formen, in kleine Stücke schneiden, mit den Händen Kugeln daraus formen und mit einem Gabelrücken Rillen hineindrücken. Die Gnocchi in sprudelndem Salzwasser 2 Minuten kochen, bis sie an der Oberfläche schwimmen, vorsichtig herausheben. Die restliche Butter in einer kleinen Pfanne bräunen, über die Gnocchi träufeln und alles mit feingehackter Petersilie bestreuen.

Als Vorspeise oder Beilage für acht Leute oder als Hauptgang für vier hungrige Mäuler.

78

Kartoffel-Ananas-Gratin

Die Ananas schälen, den Strunk entfernen und das Fruchtfleisch in kleine Würfel schneiden. Die Kartoffeln schälen und in dünne Scheiben schneiden. Den Backofen auf 180 °C vorheizen. Die Milch und die Sahne aufkochen und mit Salz, Pfeffer und Muskat würzen. Die Kartoffeln in die Milch-Sahne-Mischung geben, dann die Ananaswürfel hinzufügen. Die Zitronenmelisse in feine Streifen schneiden und ebenfalls dazugeben. Eine Auflaufform mit Sonnenblumenöl ausstreichen, die Mischung hineingeben und mit Käse bestreuen. Im Ofen etwa 1 Stunde garen.

Die perfekte tropische Ausgabe eines Kartoffelgratins.

$^1/_2$ mittelgroße Ananas
400 g Kartoffeln
250 ml Milch
100 g Sahne
→ Salz
→ Pfeffer aus der Mühle
1 Prise frisch geriebene Muskatnuß
1 Zweig Zitronenmelisse
2 EL Sonnenblumenöl
50 g frisch geriebener Gruyère

Süßkartoffelscheiben mit Parmesan

600 g Süßkartoffeln
4 EL Olivenöl
→ Salz
100 g Parmesan
6 Basilikumblätter

Den Backofen auf 180 °C vorheizen. Die Süßkartoffeln (Bataten) schälen und in etwa 1 cm dicke Scheiben schneiden. Ein Backblech mit 1 Eßlöffel Olivenöl bepinseln, die Scheiben nebeneinander darauf legen und leicht salzen. Den Käse fein reiben und mit dem restlichen Olivenöl vermengen. Auf jede Scheibe etwas Parmesanöl geben. Die Kartoffeln im Ofen etwa 15 Minuten backen. Das Basilikum in feine Streifen schneiden und zum Schluß über die Scheiben streuen.

Shiitake-Risotto

Die Pilze putzen, entstielen und in Scheiben schneiden. Die Zwiebeln und den Knoblauch schälen und fein hacken. Olivenöl in einem großen Topf erhitzen, Zwiebeln und Knoblauch darin leicht anziehen lassen. Die Pilze dazugeben und kurz mitdünsten, dann den Reis einrühren und glasig werden lassen. Mit Weißwein ablöschen, mit der Hälfte der Gemüsebrühe auffüllen, das Ganze aufkochen und unter Rühren leicht kochen lassen. Sobald der Reis die Flüssigkeit aufgesogen hat, erneut Gemüsebrühe angießen. Nach etwa 20 Minuten sollte der Reis gar sein. Zum Schluß die Butter und den Parmesan unterrühren. Das Risotto mit Pfeffer abschmecken und sofort genießen.

200 g Shiitakepilze
2 Zwiebeln
1 Knoblauchzehe
2 EL Olivenöl
250 g Rundkornreis (Arborio)
200 ml trockener Weißwein
1,2 l Gemüsebrühe
4 EL Butter
50 g frisch geriebener Parmesan
→ Pfeffer aus der Mühle

Zitrusreis mit Zitronenmelisse

je 1 unbehandelte Zitrone und Limone
2 Zwiebeln
1 Knoblauchzehe
2 EL Olivenöl
200 g Langkornreis
1 l Gemüsebrühe
1 EL grobgehackte Zitronenmelisse
3 EL Butter
→ Salz
→ Pfeffer aus der Mühle
→ gehobelter Parmesan

Von Zitrone und Limone die Schale fein abreiben. Dann die Früchte auspressen. Die Zwiebel und den Knoblauch schälen und fein hacken. Olivenöl in einem großen Topf erhitzen, Zwiebel und Knoblauch darin leicht anziehen lassen. Den Reis und Zitrusschale dazugeben, mitdünsten, bis der Reis glasig ist. Mit der Gemüsebrühe auffüllen und das Ganze etwa 15 Minuten bei schwacher Hitze zugedeckt kochen. Zum Schluß den Zitrussaft und die Zitronenmelisse untermengen. Die Butter unterrühren und mit Salz und Pfeffer abschmecken. Vor dem Servieren mit gehobeltem Parmesan bestreuen.
Schmeckt herrlich erfrischend!

Zwiebelbrötchen mit Gruyère

250 g Mehl
1 Packung Backpulver
60 g geriebener Gruyère
→ Salz
1 rote Zwiebel
50 g Butter
100 ml Milch
2 EL Schnittlauchröllchen
→ Butter für das Blech

Mehl, Backpulver, Käse und 1 Prise Salz in eine Schüssel geben, in die Mitte eine Vertiefung drükken. Die Zwiebel schälen, fein hacken und in der Butter leicht andünsten. Abkühlen lassen und zur Mehl-Käse-Mischung geben. Die Milch zufügen und das Ganze zu einem glatten Teig verarbeiten. Eventuell mehr Milch oder Mehl dazugeben. Zum Schluß den Schnittlauch unterarbeiten. Den Backofen auf 190 °C vorheizen. Den Teig auf einer bemehlten Arbeitsfläche rasch kneten und zu einer Schlange mit 5 cm Durchmesser rollen. In 3 cm dicke Stücke schneiden, jedes Stück kurz mit bemehlten Händen zu einer Kugel rollen, auf ein gefettetes Blech geben und mit einem scharfen Messer oben einmal über Kreuz einschneiden. Die Brötchen im Ofen 12 bis 15 Minuten backen.

Selbstgemachte Brötchen, da darf man ruhig etwas stolz sein – nicht nur an Sonntagen.

Gebratene Keniabohnen mit Sesam

- 2 EL **Sesamsamen**
- 400 g **Keniabohnen**
- 2 EL **Olivenöl**
- 1 EL **Honig**
- 2 EL **Sojasauce**
- 6 **Basilikumblätter, in Streifen**
- → **Saft von 1 Limone**
- → **Salz**
- → **Pfeffer aus der Mühle**

Die Sesamsamen in einer flachen Pfanne ohne Fettzugabe goldgelb rösten. Die Bohnen putzen und waschen. Das Olivenöl in einer Pfanne erhitzen und die Keniabohnen darin bei mittlerer Hitze etwa 5 Minuten anbraten. Den Honig, die Sojasauce, die feingeschnittenen Basilikumblätter und den Limonensaft dazugeben. Mit Salz und weißem Pfeffer aus der Mühle abschmecken, zum Schluß die gerösteten Sesamsamen dazugeben.
Bohnen einmal anders: knackig und lecker!

Rösti mit Lachs

- 800 g **festkochende Kartoffeln**
- → **Salz**
- 2 **Zwiebeln**
- 100 g **Räucherlachs, in Scheiben**
- 2 EL **Sonnenblumenöl**
- → **Pfeffer aus der Mühle**
- 2 EL **Butter**
- 150 g **Naturjoghurt**
- 1 EL **gehackter Dill**

Die Kartoffeln in der Schale in leicht gesalzenem Wasser etwa 20 Minuten kochen, abgießen, kurz abkühlen lassen und schälen. Mit einer Gemüseraspel in feine Streifen raspeln. Die Zwiebeln schälen und fein hacken, den Lachs würfeln. Öl in einer Pfanne erhitzen und die Zwiebeln darin kurz andünsten. Dann den Lachs und die Kartoffelraspel dazugeben. Mit Salz und Pfeffer würzen, bei mittlerer Hitze unter Rühren etwa 5 Minuten braten, dann zu einem Rösti formen. Mit Hilfe eines Pfannendeckels wenden, ohne daß das Rösti auseinanderfällt. Die Butter zum Schluß dazugeben, schaumig werden lassen und das Ganze auf einem flachen Teller anrichten. Joghurt und Dill vermengen, mit Salz und Pfeffer abschmecken und zum Rösti dazu reichen.
Der Berg grüßt das Meer!

Bei Nachspeisen

denken viele von uns zuerst einmal an Kalorien. Ich auch. Aber keine Angst, Sahne, Zucker und Butter verwende ich wirklich nur da, wo es nicht anders geht. Und manchmal geht es einfach nicht anders. Aber wenn Sie die »Mousse au Chocolat de Luxe« probiert haben, wissen Sie, was ich meine ...

Desserts & Kuchen

Pflaumen im Erdnußmantel

Die Pflaumen waschen, entsteinen und in 100 ml Wasser zusammen mit 1 Eßlöffel Zucker und der halben Zimtstange kurz aufkochen lassen. 5 Minuten zugedeckt ziehen, dann abkühlen lassen. Zimtstange entfernen, die Pflaumen abgießen und den Sud aufbewahren. Die Erdnußbutter und die Eier zu einer homogenen Masse verrühren. Restlichen Zucker, 1 Prise Salz, Mehl, Milch und Erdnüsse dazugeben. Das Ganze gut vermengen und den Teig 5 Minuten ruhen lassen. Reichlich Öl in einer Friteuse auf 170 °C erhitzen. Die Pflaumen im Backteig wenden und im Öl goldbraun ausbacken. Auf Küchenkrepp abtropfen lassen. Den Saft der abgekochten Pflaumen mit dem Joghurt vermischen, Pfefferminze unterheben und die Mischung als erfrischende Sauce zu den warmen Pflaumen servieren. Das Ganze mit etwas Puderzucker bestäuben.

Ein ausgefallenes Dessert, das sich wunderbar häppchenweise genießen läßt!

200 g Pflaumen
2 EL Zucker
$^1/_2$ Zimtstange
100 g Erdnußbutter
2 Eier
→ Salz
4 EL Mehl
100 ml Milch
50 g grobgehackte Erdnüsse
→ Öl zum Fritieren
200 g Naturjoghurt
1 EL feingehackte Pfefferminze
→ Puderzucker zum Bestäuben

Zitrusgratin mit Zabaione

2 unbehandelte Blutorangen
2 rosa Grapefruits
2 EL Honig
2 frische Eigelb
2 EL Zucker
3 EL Cointreau
→ Puderzucker zum Bestäuben

Backofen auf 200 °C vorheizen. 1 Orange und 1 Grapefruit auspressen. Die restlichen Früchte schälen, dabei ein Stück Orangenschale wegschneiden und in feine Streifen schneiden. Die Früchte in Scheiben schneiden und in einer feuerfesten Form fächerförmig arrangieren. Den Fruchtsaft zusammen mit dem Honig auf die Hälfte einkochen und dann abkühlen lassen. Eigelbe, Zucker und eingekochten Sirup über einem Wasserbad aufschlagen. So lange schlagen, bis eine cremige, luftige Masse entsteht. Den Cointreau unterziehen und die Zabaione über die Früchte verteilen. Das Gratin im Backofen etwa 3 Minuten überbacken. Mit den Orangenzesten garnieren. Mit Puderzucker bestäuben.

Schmeckt herrlich frisch und ist voller Vitamine!

86

Honig-Birnen-Kuchen mit Mandeln

Backofen auf 180 °C vorheizen. Die zimmerwarme Butter mit den Eiern schaumig rühren, Zucker und Honig dazugeben, das mit dem Backpulver vermischte Mehl dazusieben und das Ganze zu einem Teig rühren. Den Teig in eine gefettete Springform (32 cm Durchmesser) geben und glattstreichen. Die Birnen schälen, halbieren, entkernen und das Fruchtfleisch in kleine Würfel schneiden. Mit Zitronensaft beträufeln und die Rosinen daruntermischen. Die Birnen-Rosinen-Mischung auf dem Teig verteilen und leicht eindrücken. Den Kuchen im Ofen etwa 1 Stunde backen. Nach 30 Minuten Backzeit die Mandeln auf dem Kuchen verteilen, damit diese leicht geröstet werden. Stechen Sie mit einer Fleischgabel oder einer Stricknadel in den Teig, bleibt nichts mehr haften, ist der Kuchen gebacken. *Und nun strahlen Sie wie ein Honigkuchenpferd!*

100 g	**zimmerwarme Butter**
2	**Eier**
1 EL	**Zucker**
3 EL	**Honig**
1	**Packung Backpulver**
350 g	**Mehl**
→	**Butter für die Form**
3	**Birnen**
→	**Saft von 1 Zitrone**
50 g	**Rosinen**
2 EL	**gehobelte Mandeln**

Honig *Honig ist der älteste bekannte Süßstoff, lange bevor Zucker bekannt wurde, süßte man schon mit Honig. Es gibt viele verschiedene Arten von Honig. Sehr teuren Thymianhonig zum Beispiel oder Orangenblütenhonig. Der Geschmack und die Konsistenz hängen unter anderem von den Blüten ab, von denen die Bienen den Nektar gesammelt haben. Honig aus dem Supermarkt ist meist aus verschiedenen Sorten gemischt. Wenn Sie Honig statt Zucker zum Backen verwenden, bleibt Ihr Gebäck länger feucht. Falls Honig kristallisiert, stellen Sie ihn einfach in ein warmes Wasserbad, bis er wieder flüssig wird.*

CINO

Flambierte Zimtäpfel auf Vanilleeis

Die Äpfel schälen und in dünne Streifen schneiden (um das Kerngehäuse herum Scheiben und diese anschließend in Streifen schneiden). Mit Zitronensaft beträufeln. Die Butter in einer Bratpfanne schaumig werden lassen, Apfelstreifen, Zucker und Zimt dazugeben. 3 Minuten leicht bräunen lassen. Das Vanilleeis auf Tellern anrichten. Den Calvados zu den Äpfeln geben und sofort anzünden (vorsichtig), alles auf dem Eis verteilen und jede Portion mit 1 Pfefferminzblatt garnieren. Sofort servieren.
Eine heiß-kalte Versuchung mit Schuß!

2 Äpfel
→ Saft von 1 Zitrone
2 EL Butter
2 EL Zucker
1 Prise Zimtpulver
4 Kugeln Vanilleeis
2 EL Calvados
4 Pfefferminzblätter

Birnen-Roquefort-Salat mit Zitronenmelisse

3 reife, feste Birnen
→ Saft von 1 Zitrone
10 Blätter Zitronenmelisse
1 Prise Zimtpulver
80 g Roquefort (franz. Blauschimmelkäse)

Die Birnen waschen, entkernen und achteln. In eine Schüssel geben und sofort mit Zitronensaft beträufeln. Die Zitronenmelisse grob hacken und zusammen mit dem Zimtpulver dazugeben. Den Roquefort in Würfel schneiden und vorsichtig mit den Birnen vermengen.
Schmeckt ganz toll, wenn Sie einen Süßwein, zum Beispiel einen Sauternes, dazu servieren.

90

Banana Pancakes

Mehl, Backpulver, Milch, Eier, Zucker und Vanillinzucker mit einem Schneebesen zu einem Pfannkuchenteig verrühren. Die Bananen schälen, in kleine Würfel schneiden und daruntermischen. In einer mit Teflon beschichteten Pfanne wenig Sonnenblumenöl erhitzen, mit einem Schöpflöffel etwas Teig hineingeben und den Pfannkuchen auf jeder Seite etwa 3 Minuten backen (wichtig ist, daß der Teig nicht zu dünn ist, er sollte nicht in der Pfanne verlaufen. Das Backpulver sorgt dafür, daß die Pancakes in der Pfanne luftig aufgehen). Dann warm stellen. Vorgang wiederholen, bis Öl und Teig aufgebraucht sind. Mit Butterflocken und Ahornsirup (Grade A ist der Beste) serviert, schmeckt es so richtig amerikanisch.

Eine Kugel Vanilleeis dazu, und Sie haben ein leckeres Dessert. Enjoy!

4 gehäufte EL Mehl
$^1/_2$ Packung Backpulver
200 ml Milch
2 Eier
2 EL Zucker
1 Packung Vanillinzucker
2 Bananen
2 EL Sonnenblumenöl
→ Butterflocken und Ahornsirup zum Servieren

Swiss Chocolat Brownies

Backofen auf 180 °C vorheizen. Die Kuvertüre im warmen Wasserbad langsam schmelzen lassen. Die Butter und den Honig dazugeben und das Ganze glattrühren. Eier und Zucker schaumig schlagen, die flüssige Kuvertürenmischung untermischen. Das Backpulver mit dem Mehl vermengen und dazusieben. Den Teig gut verrühren. Zum Schluß die Pekannüsse unterziehen. Die Masse auf einem gebutterten, länglichen Backblech verteilen. Im Ofen etwa 25 Minuten backen. Abkühlen lassen und dann in Quadrate schneiden.

Je nach Blechgröße ergibt dieses Rezept 12 bis 18 Brownies.

150 g Vollmilchkuvertüre
100 g Butter
2 EL Honig
2 Eier
150 g Zucker
1 Packung Backpulver
200 g Mehl
50 g grobgehackte Pekannüsse
→ Butter für das Blech

Französische Apfeltorte

Für den Teig Butter und Zucker mit den Händen vermengen, Mehl dazusieben und das Ganze zu einem Mürbeteig kneten. Zur Kugel formen, in Folie einschlagen und für mindestens 30 Minuten kühl stellen. Dann auf bemehlter Arbeitsfläche ausrollen. Backofen auf 180 °C vorheizen. Eine am Boden gebutterte Springform mit dem Teig auskleiden, den Teig mit einer Gabel mehrmals einstechen und im Ofen etwa 15 Minuten backen. Inzwischen für den Belag die Äpfel schälen, entkernen und in Achtel schneiden. Butter und Vanillezucker in einem Topf erhitzen. Die Apfelachtel zufügen und in der Butter etwa 10 Minuten bei kleiner Hitze unter Schwenken garen. Die Masse in die Springform füllen. Die Eiweiße steifschlagen, die Mandeln und den Zucker darunterheben und den Schnee auf den Äpfeln verstreichen. Die Torte im Ofen bei 200 °C etwa 40 Minuten backen.

Mit dieser Torte werden Sie sogar Mama überraschen!

Für den Teig:
200 g zimmerwarme Butter
100 g Zucker
300 g Mehl
→ Butter für die Form

Für den Belag:
1 kg Äpfel
80 g Butter
80 g Vanillezucker
4 Eiweiß
100 g gehobelte Mandeln
100 g Zucker

CAFF

94

Mousse au Chocolat de Luxe

Die Schokolade zusammen mit 4 Eßlöffeln Wasser unter ständigem Rühren bei mittlerer Hitze im warmen Wasserbad schmelzen. Die Eier trennen, Eigelbe zusammen mit Puderzucker, Kaffee und Vanillemark schaumig rühren. Die Schokolade dazugeben. Sahne steifschlagen und unter die Masse heben, dann die Eiweiße sehr steif schlagen und ebenfalls vorsichtig darunterheben. Die Mousse auf 4 Schalen verteilen und abgedeckt für mindestens 1 Stunde in den Kühlschrank stellen. Vor dem Servieren mit der fein geraspelten Schokolade bestreuen und mit je 1 Melissenblatt dekorieren.
Ein Genuß der besonderen Art ...

150 g Zartbitterschokolade
4 frische Eier
2 EL Puderzucker
1 TL Kaffee (aus Instantpulver)
→ ausgekratztes Mark von 1/2 Vanilleschote
125 g Sahne
1 EL geriebene Vollmilchschokolade
4 Blätter Zitronenmelisse

Tirami su, Francesco!

200 g Mascarpone
5 frische Eigelb
100 g Puderzucker
→ abgeriebene Schale von 1 unbehandelten Orange
3 frische Eiweiß
100 g Zucker
100 g Sahne
ca. 16 Löffelbiskuits
1 EL Amaretto
2 EL Espresso
→ Kakaopulver zum Bestäuben

Mascarpone, Eigelbe, Puderzucker und die abgeriebene Orangenschale in einer Schüssel verrühren. Die Eiweiße steifschlagen, dabei den Zucker einrieseln lassen. Den Schnee unter die Mascarponemasse ziehen. Sahne steifschlagen und ebenfalls unterziehen. In eine flache Auflaufform eine Schicht Löffelbiskuits nebeneinander legen, mit etwas Amaretto und Espresso beträufeln und ein Viertel der Mascarponemasse darauf verstreichen. Eine weitere Schicht Löffelbiskuits beträufeln und so schichtweise die Form auffüllen. Die letzte Schicht mit Kakaopulver bestäuben. Tirami su mindestens 2 Stunden kalt stellen.
Dazu ein Espresso, und die Welt kann warten!

Rezeptverzeichnis